미디어 루키스, 캘리포니아에서 미래를 보다

9인 9색
글로벌 미디어
탐방기

나남
nanam

나남신서 2082

미디어 루키스,
캘리포니아에서
미래를 보다

9인 9색 글로벌 미디어 탐방기

2021년 4월 10일 발행
2021년 4월 10일 1쇄

편저자	마동훈 · 김성철
발행자	趙相浩
발행처	(주) 나남
주소	10881 경기도 파주시 회동길 193
전화	(031) 955-4601 (代)
FAX	(031) 955-4555
등록	제 1-71호 (1979.5.12)
홈페이지	http://www.nanam.net
전자우편	post@nanam.net

ISBN 978-89-300-4082-2
ISBN 978-89-300-8655-4 (세트)

책값은 뒤표지에 있습니다.

나남신서 2082

미디어 루키스, 캘리포니아에서 미래를 보다

9인 9색
글로벌 미디어
탐방기

마동훈 · 김성철 편

나남
nanam

Media Rookies,
Exploring the Future Media-sphere in California

Nine Personas

Edited by

Dong Hoon Ma
Seongcheol Kim

nanam

고려대학교
AJ 미디어 루키스 프로그램
시즌 1 - 에피소드 1

캘리포니아의
미디어 전경 탐색

2019년 8월 17일 ~ 30일
미국 캘리포니아주 로스앤젤레스, 샌프란시스코 일대 탐방
― 2주간 여정의 기록

참가자

윤동민
미디어학부 4학년, 공저자

김희수
미디어학부 2학년, 공저자

박초원
미디어학부 2학년, 공저자

이해원
미디어학부 2학년, 공저자

권준서
미디어학부 2학년, 공저자

신세희
미디어학부 2학년, 공저자

최규웅
미디어학부 3학년, 공저자

박재영
미디어학부 3학년, 공저자

진민석
미디어학부 3학년, 공저자

Arlyss Hewitt
미디어학부 3학년

황신영
미디어대학원, 조교

이정연
미디어대학원, 조교

마동훈
미디어학부 교수, 편저자

김성철
미디어학부 교수, 편저자

일정

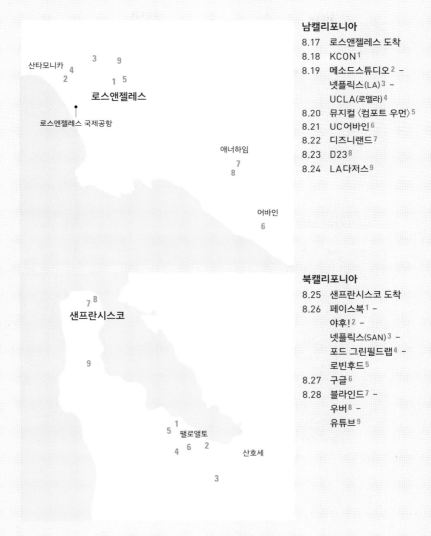

산타모니카
로스앤젤레스
로스엔젤레스 국제공항
애너하임
어바인

샌프란시스코
팰로앨토
산호세

7

CJ ENM의 뚝심이 문화가 되기까지.
K-팝을 따라 부르는 글로벌 팬들을 보고 있노라면 괜히 가슴이 벅차오른다.

할리우드 블록버스터 영화의 꽃 VFX^Visual Effects. 영화 〈신비한 동물사전〉,
〈닥터 스트레인지〉 등에 얽힌 비화와 실제 작업들을 생생하게 접할 수 있었다.

넷플릭스(LA)

8.19

심화하는 OTT Over The Top 경쟁에서 콘텐츠의 중요성이 더욱 두드러지고 있는 요즘,
넷플릭스의 콘텐츠 배급 전략과 비전을 들을 수 있는 기회였다.

데니스 홍 교수님과 함께한 UCLA 로멜라에서
인간을 본뜨기도 하고, 전혀 엉뚱하게 생기기도 한 로봇들을 보며
어쩌면 인류의 진화 과정도 이렇지 않았을까 생각해 보게 되었다.

뮤지컬 〈컴포트 우먼〉

타지에서 느낀 우리 민족의 아픔.
뮤지컬만이 가진 커뮤니케이션의 힘을 느낄 수 있었다.

e 스포츠도 대학스포츠가 될 수 있음을 알게 해준
'UCI e 스포츠 아레나'라는 명당. 그리고 편견만 버리면 게임도 학문이
될 수 있다는 것을 알게 해준 스테인쿨러Steinkuehler 교수님의 명강.

콘텐츠가 갖는 막강한 힘이 집대성된 공간.
사랑스럽고 충성스러운 팬들이 몰려드는 유토피아다.

80년 전의 디즈니 캐릭터와 앞으로의 디즈니 캐릭터가 모두 모이는 곳.
콘텐츠를 만드는 것은 디즈니일지라도, 그 명맥을 이어 가는 건 팬들이다.

"전광판을 보면 경제 흐름이 보인다."
미디어와 스포츠의 신나는 시너지!

페이스북

실리콘밸리는 IT 천재들만 모이는 곳이라는 편견을 깨준 실리콘밸리의 '놀이터'.
유연하고 융합적인 조직에서 나타나는 특유의 밝은 에너지가 인상적이었다.

버라이즌 인수 전후의 야후에 대해 들어 볼 수 있었던 시간.
미디어산업에서 인수합병의 영향력을 체감할 수 있었다.

"한국 시장은 빠르게 성장했고 빠르게 정체되었다."
넷플릭스가 우리나라 미디어 시장에 줄 새로운 자극을 산업적인 측면에서
미리 고민해 볼 수 있었던 시간.

포드 그린필드랩

하드웨어이자 교통수단으로서의 자동차를 넘어, 자동차의 새로운 의미를
연구하는 곳. 미디어로서 자동차의 진화를 기대하게 만든다.

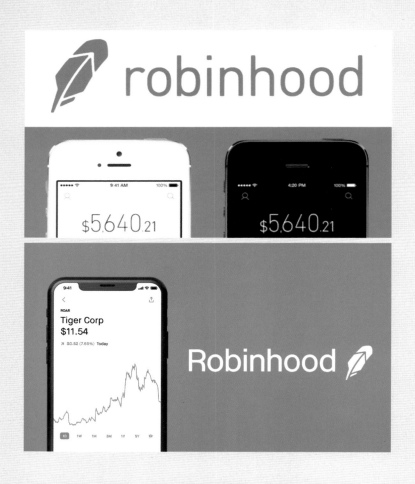

미국 '개미'들을 모두 집합시킨 주식거래 플랫폼 회사. 휴양지를 방불케 하는
인테리어만 보더라도 이곳은 월스트리트의 문법을 따르지 않는다는 것을 알 수
있었다(회사 내·외부 사진을 찍을 수 없어 홈페이지 사진으로 대체).

구글 웨어러블Wearable, 서치Search 등 구글의 여러 분야에서 일하는
사람들을 만나고 캠퍼스를 거닐며 구글의 거대한 규모를 체감할 수 있었다.
캠퍼스 곳곳에 녹아 있는 아기자기함 또한 구글의 매력.

"사람들 사이의 연결고리가 되는 일을 하는 만큼 더 좋은 사람이 되고자 합니다."
이직이 잦은 실리콘밸리 사람들이 매료된 우리나라 기업의 비결을 들을 수 있었다.

우버

전 세계 도로 위 차량을 줄이는 게 목표라는 우버. 기술과 비즈니스,
그리고 친환경이 어우러진 도시계획의 새로운 방향을 엿볼 수 있었다.

더 개인적으로, 더 정교하게. 유튜브 광고가 당면한 과제와 앞으로의 목표를
들을 수 있었다. 그 유명한 구글식 모의면접을 체험해 본 것은 덤.

차 례

1부   데이터 혁명과 미래 미디어 플랫폼   41

프롤로그

'미디어 루키스'가 돌아본 미디어의 미래

미래를 위한 준비

이런 생각을 꽤 오랫동안 해왔다. 대학에 갓 입학한 미디어학부생들은 어디에서 시작해서 어떻게 미디어를 공부해야 하는가? 학부시절에 무엇을 읽고, 무엇을 생각하고, 무엇을 경험해야 하는가? 우리 학부생들은 구체적으로 어떤 비전과 준비를 갖고 대학을 떠나야 하는가? 그렇다면 지금의 미디어학부 교육은 어떻게 바뀌어야 하는가?

이에 대한 해답을 찾아가는 과정은 일개 교수 혼자 할 수 있는 일이 아니었다. 교육현장의 동료 교수님들과 미디어 현업의 전문가인 졸업생들은 물론, 학부 재학생들도 모두 같이 토론하고 숙의

해야 할 일이었다. 개인적으로 이러한 고민을 구체적으로 시작한 것은 1년간의 연구년을 마치고 막 귀국한 2010년 가을이었다. 비슷한 문제의식을 가진 교수님들과 생각을 나누면서, 미래의 미디어 교육을 위한 고민을 시작했다.

그러나 새로운 교과과정의 틀이 하루아침에 만들어지는 것은 아니었다. 먼저 사회와 미디어 환경이 어떻게 변하고 있는지에 대한 면밀한 관찰과 분석이 필요했다. 학부 교수님들과 외부 자문그룹과 끊임없이 대화하며 미래 미디어의 진화 방향을 예견해야 했다. 한편으로는 현재의 미디어학부 프로그램에 대한 냉철한 분석이 필요했고, 여기에서 한 걸음 더 나아가 대안의 현실가능성을 차분히 살펴봐야 했다. 꽤 오랜 시간의 생각 끝에 2017년 즈음 이른 결론은 다음과 같았다.

첫째, 미래 미디어는 소수 미디어 독과점 시대를 넘어 다양한 플랫폼, 그리고 이에 적재되는 다양한 콘텐츠의 시대로 매우 빠르게 변화하고 있다. 미디어 전경의 변화는 제 4차 산업혁명이라고 불리는 글로벌 테크놀로지와 경제 시대로의 전이를 배경으로 한다. 정보통신 테크놀로지가 변화의 중심에 서고, 이를 중심으로 미디어 판이 급속히 재편성되는 추이다. 이는 일시적인 미풍이 아니고 판을 뒤흔드는 엄청난 지각 변화였다.

일찍이 경험하지 못한 새로운 플랫폼과 콘텐츠 시대에 필요한 적응력이 가장 중요하다는 결론에 이르렀다. 기존의 전통적 미디어 틀에 맞춘 사후적 처방으로는 생존하기 힘든 시대이기 때문이다. 이러한 이유로 〈창의적 미디어 기획과 표현〉이라는 1학년 필수과정을 개설하여 기존의 〈미디어학 입문〉과 나란히 배치하였다. 〈창의적 미디어 기획과 표현〉은 새로운 미디어 시대의 플랫폼과 콘텐츠의 미래에 대한 이해를 바탕으로 새로운 플랫폼과 콘텐츠의 '창의적' 설계를 위한 입문과정으로 진행되었다. 그다음 필요한 것은 새로운 미디어 시대를 주도하는 데이터의 본질에 대한 학습이었다. 이를 위해 역시 1학년 필수과정으로 〈미디어 데이터사이언스 입문〉 강의를 개설했다. '창의성'과 '데이터'를 미래 미디어 루키스rookies의 필수 입문과정으로 규정한 것이다.

둘째, 기존 미디어학부 교과과정에서 미디어 및 커뮤니케이션 핵심 강의의 중요성은 여전히 매우 지대하다고 봤다. 단, 산재되어 있는 제반 교과과정을 몇 개의 틀 안에서 재조정하여 체계화하는 작업은 필요하다고 생각했다. 결국 미디어에 대한 공부는 다름 아닌 '사람'에 대한 공부라고 본 것이다. 우리의 관심인 사람을 어떤 단위로 바라보는가에 따라 저널리즘, 정치 등 미디어와 사회공동체의 문제에 집중하는 '미디어와 우리', 미디어의 개인 수용자, 설득, 대인 커뮤니케이션 등을 다루는 '미디어와 나', 그리고 미디어 경제, 경영, 테크놀로지에 집중하는 '미디어와 산업' 등 새로운 대분류 방식을 적용했다.

셋째, 미디어학부의 정규 교과과정 외 체험적 학습을 위해 2019

년 미디어관 지하 공간에 '미디어 크리에이터스 벙커'가 마련됐다. 제작 스튜디오와 조정실, 첨단 제작장비를 구비한 이 공간에서는 학생들 스스로 다양한 방식으로 영상콘텐츠 스토리텔링 연습이 이루어진다.

아울러 급변하는 글로벌 미디어 현장 체험을 위한 '미디어 루키스' 프로그램을 기획했다. 미디어학부생들이 글로벌 미디어 현장을 직접 체험하고, 변화의 목소리를 듣고, 질문하고 토론하며 스스로의 미래를 만들어 가는 프로그램의 중요성은 아무리 강조해도 지나치지 않다. 우리 다음세대 젊은이들에게 세계지도를 좀더 크게 보고, 길게 호흡하고, 생생한 현장에 깊이 몰입할 기회를 주고 싶었다. 이러한 프로그램의 필요성에 공감하며 소중한 후원을 결심해 주신 AJ네트웍스 문덕영 부회장님의 깊은 애정과 이해가 없이는 실행하기 힘든 일이었다. 매년 2회 학부생 10명, 대학원생 2명, 교수 2명이 한 팀이 되어 잠정적으로 3년간 실험운행하기로 결정된 이 프로그램은 고려대학교 미디어학부 교수들이 직접 주관하고, 학생들과 함께 설계하기로 했다. 이로써 새로운 시대의 미디어학부 교육을 위한 큰 그림이 대략 만들어졌다.

2019년 여름, 캘리포니아에서 바라본 미디어 전경

2019년 8월 시작된 첫 번째 프로그램, 'AJ 미디어 루키스 프로그램 AJ Media Rookies Extra-curricular Program'의 시즌 1 – 에피소드 1은 '캘리 포니아의 미디어 전경 탐색Exploring Media-spheres in California'이라는 주 제로 미국 로스앤젤레스Los Angeles, 애너하임Anaheim, 어바인Irvine, 샌프란시스코San Francisco, 그리고 실리콘밸리Silicon Valley 일원에서 15일간 진행됐다.

프로그램은 넷플릭스, 디즈니, 메소드스튜디오, 구글, 유튜브, 버라이즌커뮤니케이션스, 페이스북, 우버 등 대표적인 글로벌 미 디어 테크산업과 벤처기업들의 탐방과 체험을 중심으로 만들어졌 다. 아울러 UCLA의 로봇 랩 로멜라, UC어바인의 게임 전공과정 탐방과 특강이 제공됐다. 또한 대표적인 K-팝 이벤트인 KCON, 오프브로드웨이 뮤지컬 관람, 미디어스포츠산업 현장인 LA다저 스 경기 체험 등 다양한 문화산업의 현장을 방문했다.

이번 AJ 미디어 루키스 프로그램에는 학부생 58명이 지원했고, 무엇을 학습하고자 하는지에 대한 개인 프로포절 리뷰와 인터뷰 를 바탕으로 대상자를 선발했다. 첫 프로그램에는 학부생 10명과 대학원생 2명만 함께 가게 되어서 매우 유감이었다. 아쉬운 마음 에 2019년 2학기에는 AJ의 후원을 재원으로 매주 금요일 오전, 총 12회의 'AJ 미디어 루키스 특강 시리즈'를 제공해, 100여 명의 학부생들이 미래 미디어에 관한 강의를 듣고 함께 생각할 수 있었음은 작은 위안이었다. 특강 시리즈는 진행을 담당한 윤영민 교수님과 미디어학부 동료 교수님들의 헌신과 관심으로 이루어졌다.

이번 여정의 목적은 글로벌 미디어 시장 변화의 진원지인 캘리포니아 테크산업의 체험적 탐방이었다. 기획 단계의 목표는 로스앤젤레스를 중심으로 대표적인 글로벌 콘텐츠 기업인 디즈니를 집중 연구하고, 실리콘밸리를 중심으로 대표적인 글로벌 플랫폼 기업인 구글을 집중 탐방, 연구하는 것이었다. 그러나 첫 프로그램 일정이 확정된 이후 두 달 정도의 짧은 준비기간으로 인해 최초의 기획 의도를 완전히 살린 프로그램을 만들지 못하였음이 다소 아쉽다. 추후에는 보다 여유 있는 준비기간을 통해 프로그램의 내실화를 더 도모해야 할 것이다. 그럼에도 2주간의 짧은 기간 동안 매우 다양한 기관과 대학을 무려 20회 방문하고 체험할 수 있었음은 더 없이 소중한 경험이었다.

이번 프로그램의 참가자 12명은 프로그램 시작 전부터 방문기관에 대한 사전 학습 워크숍을 통해 주요 이슈와 질문들을 함께 준비했다. 그리고 프로그램 내내 매우 진지하게 미래 미디어를 탐구하는 모습을 보여 준 점에 깊이 감사한다.

프로그램 이후, 참가한 학부생들이 스스로 정한 주제를 정리하는 글을 써서 이 작은 책을 만드는 데 함께해 주었음에 또한 감사한다. 우리가 모두 함께 준비하고 마무리하는 과정이 있었기에 프로그램의 가치가 더욱 빛날 수 있었다.

이 책은 총 3부로 구성되었다. 1부는 '데이터 혁명과 미래 미디어 플랫폼'이라고 제목 붙였다. 현재와 미래의 데이터산업과 미디어산업의 연계성을 살펴본 첫 장 윤동민의 글에 이어, 대표적 테크산업인 우버의 과거와 현재, 그리고 미래에 대한 김희수의 글, 그리고 모빌리티산업이 데이터를 만나 이룬 변화의 현장을 담은 박초원의 글을 실었다.

2부의 제목은 '창의적 스토리텔링의 시대'이다. 2부에는 테마파크 디즈니랜드의 콘텐츠의 힘을 다룬 이해원의 글, 디즈니 팬 행사 D23 현장에서 디즈니 팬덤을 고찰한 권준서의 글, 그리고 KCON 현장에서 K-컬처의 미래를 생각한 신세희의 글을 실었다.

3부는 '새로운 테크놀로지가 만드는 세상'이라는 제하의 세 편의 글로 구성했다. VR·AR 테크놀로지의 현황과 미래를 진단한 최규웅의 글, 게임을 즐기면서 연구하는 독특한 교과과정을 갖고 있는 UC어바인 탐방을 정리한 박재영의 글, 그리고 직장 조직의 새로운 커뮤니케이션 플랫폼 블라인드를 다룬 진민석의 글을 실었다.

이 책의 글들은 모두 딱딱한 논문이 아닌, 호흡이 긴 에세이의 형식으로 쓰였다. 미디어 루키스의 시각에서 바라본 캘리포니아 미디어산업의 현장을 생생하게 전하기 위해, 학생들의 글 원문에 거의 손을 대지 않았다. 다만, 각 글의 말미에 '더 생각해 보기'를 제시하여 독자들이 함께 생각하고 토론할 화두를 던졌다. 그리고 학생들의 글에서 일일이 다루지 못한 방문지에서의 경험을 포토 다이어리 형식으로 담았다. 미디어의 미래에 대해 관심과 열정을 가진 대학생들은 물론, 미디어 세계에 꿈을 갖고 도전하기 희망하는 고등학생, 그리고 일반인들에게도 편한 읽을거리가 되고 미래 미디어에 대한 상상력의 원천이 되었으면 하는 바람이다.

AJ 미디어 루키스 프로그램을 기꺼이 지원해 주시고 미디어 루키스가 성장하는 과정을 지켜봐 주신 AJ네트웍스의 문덕영 부회장님께 다시 한 번 깊은 감사를 드린다. 서로를 따뜻하게 돌보고 재미있게 일하는 회사를 추구하는 문 부회장님의 평소 생각이 우리 프로그램에도 녹아들었다고 생각한다. 아울러 AJ그룹 지주회사 윤규선 대표님, 미국법인 이원호 대표님, 커뮤니케이션팀 오은영 팀장님께도 감사하는 마음을 전하고 싶다.

학생들과 함께하는 캘리포니아 여정을 같이 기획하고 동행해 주셨고, 또한 학생들의 글을 함께 지도해 주신 미디어학부 김성철 교수님께 깊은 감사의 마음을 전한다. 덕분에 우리의 여정에 늘 통찰력과 긴장감이 넘쳤다. 아울러 새로운 프로그램의 시작을 애정과 관심으로 지켜봐 주신 미디어학부 동료 교수님들께도 고마운 마음을 전한다.

젊은이들의 젊은 글에 생명을 불어넣어 주신 나남출판 조상호 회장님과 방순영 이사님께도 감사의 말씀을 드리고 싶다. 이 작은 책이 어려운 시기의 젊은이들에게 꿈과 열정을 제시해 주고, 또한 미디어와 미래를 함께 고민하고 생각하고 개척해 가는 데 소중한 출발점이 되었으면 한다. 우리들이 함께 가며 설계하는 또 하나의 여정의 출발점이다.

2021년 3월

마 동 훈

데이터의 시대,
'문송'하고 싶지 않습니다!

윤동민 미디어학부 4학년

나 때는 말이야,
빅데이터 수업 그런 거 없었어!

16학번은 고려대학교 구성원 전체를 두고 봤을 때 아주 높은 학번은 아니다. 하지만 이번 여정을 함께한 18학번 친구들과 학교 얘기를 하다 보면 나도 모르게 "나 때는 말이야!" 하는, 이제는 달라진 옛날 얘기가 튀어 나오곤 한다. 그중 하나가 바로 빅데이터Big Data와 애널리틱스Analytics 수업에 관한 이야기다. 미디어학부에서 16학번이 졸업하기 위해서는 〈미디어학 입문〉과 〈미디어 글쓰기〉를 전공필수과목으로 이수해야 한다. 그러나 18학번은 〈미디어 글쓰기〉를 대신해 〈미디어 데이터사이언스 입문〉을 들어야 한다. 불과 2년 사이에 큰 변화가 생긴 것이다. 이러한 변화의 원인은 미디어산업을 비롯한 전 세계가 빅데이터가 가져올 변화와 혁신을 주목하고 있다는 데에 있다.

사실 처음에는 전통적인 미디어를 벗어나 기술과의 교집합을 찾으려 하는 미디어학부의 움직임을 반기지 않았다. 본분은 외면하고 취업에 특화된 교육이라는 느낌에서였을까? 그러나 이번 여정을 비롯해 지난 1년간 ICT^Information and Communications Technologies (정보통신기술) 와 변화하는 미디어산업 현장에 대해 공부하면서 나의 생각은 완전히 달라졌고, 내가 못 미더워했던 미디어학부의 변화가 시대적 흐름에 발맞춘 교수님들의 혜안이었음을 깨달았다.

AJ 미디어 루키스 프로그램에 참여한 2주간 우리는 로스앤젤레스와 샌프란시스코의 다양한 미디어기업들을 탐방했고, 그곳에서 전문가들을 만나 많은 것을 배웠다. 특히 넷플릭스^Netflix, 우버^Uber, 구글^Google 등 제 4차 산업혁명의 최전선에서 빅데이터를 무기로 삼은 기업들이 어떻게 그 기술을 사용하고 있는지 들어보는 것만으로도 굉장한 공부가 되었다. 최첨단 기술의 집합인 미디어산업의 선구자적인 기업들의 업무현장을 직접 보고 듣고, 누벼보면서 데이터를 다루는 능력과 이와 관련된 기술에 대해 연구하는 것은 제 4차 산업혁명 시대와 앞으로의 사회를 살아가는 데에 있어 필수소양이 될 것임에 틀림없다고 확신했다.

그러나 탐방을 마치고 숙소로 돌아오는 우버에서는 어김없이 한 가지 고민이 들었다. 코딩이라고는 제대로 배워본 적도 없는 우리가 제 4차 산업혁명 시대에서 '문송'하지 않으려면 우리는 무엇을 해야 할까? 우리에게 '데이터'와 '기술'은 미래사회를 개척할 혁신의 아이콘이자, 엔지니어가 아닌 자로서 넘어야 할 큰 산이었다. 꿈만 같았던 그 여름을 톺아보면서, 그 거대한 산을 넘어서는 데 도움이 될 방법을 소개하고자 한다.

제 4차 산업혁명의 핵심, 빅데이터

많고 많은 기술 중, 왜 꼭 빅데이터인가

사실 빅데이터를 이번 여행을 통해 처음 접해 본 것은 아니었다. 학교 수업에서부터 제 4차 산업혁명이라는 주제에는 항상 빅데이터가 주요 개념으로 등장했다. 이에 따라 우리가 로스앤젤레스와 샌프란시스코에서 방문한 기업들이 실제로 각종 데이터를 어떻게 효과적으로 활용하고 있는지에 대해 연구하는 것이 이번 탐방의 핵심이었다. 빅데이터는 어찌하여 사람들의 주목을 받는 것일까?

빅데이터에 이목이 집중되는 가장 기본적인 이유는 빅데이터 처리가 다양한 상황에서의 의사결정 내지 문제해결 과정에서 매우 효과적인 도구가 되기 때문이다. 빅데이터가 등장하기 훨씬 이전부터도 인류는 중요한 결정을 내리는 데에 여러 가지 정보분석

방법을 적극적으로 활용했다. 작은 원시사회를 생각해 보자. 정착생활을 시작한 이들이 앞으로 생존을 이어가기 위해서는 어디에서 물고기가 많이 잡히고, 주로 언제 비가 많이 오는지, 언제쯤부터 날씨는 추워지는지를 잘 기억해 두어야 한다. 그런 기억을 바탕으로 이듬해에는 더 많은 물고기를 잡을 수 있을 것이고, 수해를 효과적으로 방제할 것이며, 알차게 동절기를 대비할 수 있을 것이다. 그렇게 시간이 흘러 작은 씨족이 부족이 되고 국가로 발전하면서 사회는 더욱 복잡해지고 다원화됐다. 이에 따라서 그 사회를 운영하는 것도 훨씬 어려워졌다. 인구는 얼마고, 성비는 어떤지, 인접 국가에 대한 인식은 어떤지 알아야 하는 정보와 알고 싶은 정보들도 셀 수 없이 많아졌다.

이러한 정보들을 가장 정확하게 수집하는 방법은 전수조사다. 인구를 알기 위해서는 가구마다 조사원을 파견해 해당 가구의 구성원 정보를 수집해 오면 되고, 새로운 세법에 대한 의견이 궁금하다면 마을별로 사람들을 모아 놓고 투표를 진행하면 되는 것이다. 하지만 현실적으로 그 많은 사람을 모으거나 만나 보는 것부터 불가능할뿐더러 수집한 정보를 단기간 내에 처리하기는 더욱 힘들다. 인구조사를 위해 전국을 돌며 데이터를 취합하는 순간에만도 몇 명이 죽고 얼마만큼의 새 생명이 태어날지 알 수 없는 노릇이지 않은가.

고심에 빠진 인류는 알고자 하는 대상의 특징을 잘 반영하고 있는 일부만을 대상으로 조사를 하고 이를 적절한 방식으로 일반화하는 방법을 생각해 냈다. 이것이 통계조사다. 조사대상이 되는 사람들 전부를 모집단으로 두고, 이들의 특성을 가장 잘 반영하는 일부인 표본을 추출해 조사를 진행하는 것이다. 오늘날까지도 사용되는 통계조사는 기업의 소비자 만족도 조사부터 대통령 선거의 지지도 조사까지 다양한 영역에서 빛을 발하고 있다. 이로써 인류는 비교적 빨리 훨씬 간편한 방법으로 '유의미한 수준'의 정보를 얻어낼 수 있게 되었다. 하지만 어디까지나 통계조사는 전체가 아닌 일부를 대상으로 하는 까닭에 조사기획이나 분석과정에서 조금의 실수만 있더라도 심각한 오류가 발생하는 문제가 있었다. 표본추출 과정에서 잘못된 추출방식을 사용할 수도 있고, 이를 해석하는 과정에서 오류가 발생할 수도 있다. 이를테면 안암역 2번 출구 앞에서 행인들을 대상으로 '서울시민 대학 선호도 조사'를 진행한다고 해보자. 그렇다면 고려대가 압도적인 1위를 기록할 가능성이 매우 높을 것이다. 뿌듯한 결과지만 사실에 가까운 정확한 결과라고 할 수는 없다.

그렇기 때문에 적절한 방식으로 얻은 결과라 하더라도, 모든 통계조사는 일정한 오차 범위를 설정해 그 범위 내의 차이는 유의미하다고 보지 않는다. 빅데이터 처리기술은 이러한 문제를 효과적으로 개선할 수 있는 방법을 제시했다. 일단 빅데이터는 많은 양의 정보를 처리하기 때문에 기존의 표본추출 방식에 비해 모집단의 특성에 훨씬 가까운 결과를 도출할 수 있다. 더불어 데이터 생성과 수집, 처리에 있어 빠른 속도가 전제되기 때문에 사회의 변화에 맞추어 적재적소에 데이터를 활용할 수 있다. 데이터의 다양성이 확보되면서 정량평가 외에도 비정형 데이터를 바탕으로 한 정성평가가 가능해졌다는 점도 눈여겨볼 만하다. 우리가 만나 본 제4차 산업혁명의 선구자 기업들도 이를 서비스 및 기술 개발에 적극 활용하고 있었다. 넷플릭스의 콘텐츠 개발과 서비스 품질 개선, 포드Ford의 자율주행 알고리즘, 구글의 다양한 프로젝트의 중심에는 항상 빅데이터가 자리했다. 제4차 산업혁명의 가장 중요한 목적 중 하나는 빅데이터 처리를 바탕으로 인류가 가진 문제를 해결하고 일상을 편리하게 하는 것인 셈이다.

모두가 주목하는 빅데이터, 정확히 무엇인가

그렇다면 이제는 없는 것이 더 어색할 만큼 익숙한 존재가 된 빅데이터란 정확히 무엇을 말하는 것일까? 빅데이터라는 표현을 직역하면 '큰 정보'가 된다. 그리고 정보가 '크다'는 것은 많은 양의 데이터를 수집해 이를 바탕으로 분석작업을 진행한다는 뜻이다. 예를 들어 수천만 혹은 수억 명의 소셜미디어 사용자들의 게시물을 분석해 특정 사건에 대한 사람들의 인식을 알아볼 수도 있고, 인터넷 접속자들의 검색어를 수합해 최신 트렌드 동향을 파악할 수도 있다. 이처럼 빅데이터로 불리기 위해서는 우선 정보의 양이 많아야 한다. 하지만 정보가 크다는 것만으로는 빅데이터의 특징을 모두 설명할 수 없다. 애초에 정보는 우리가 수집하거나 인지하지 못했을 뿐 언제나 주변에 산재해 있었고, 제대로 분석을 하기 전에는 아무리 거대한들 이러한 파편적 정보만으로는 아무런 결론도 얻어낼 수 없기 때문이다. 이렇게 우리 주변에 숨어 있는 날것의 정보들을 '원자료raw data'라고 부른다. 2019년까지의 한반도 기후 분석을 한다고 할 때 시시각각 수집된 날씨 정보가 바로 원자료에 해당한다. 이들을 잘 조작하면 우리는 지난 수년간 평균 기온은 어떻게 달라졌고, 기상이변의 발생 추이는 어떠한지, 어쩌면 앞으로 어떻게 기후가 변화할지까지 알아낼 수 있다. 이렇게 되어야만 비로소 날것의 정보들은 의미를 얻는다. 즉, 빅데이터는 막대한 양의 원자료를 수집해 분석해 내는 일련의 데이터 처리 과정을 통칭한다고 보아야 한다.

이러한 특징을 바탕으로 전문가들은 대체로 빅데이터의 특징을 3V로 정의한다. 대표적으로 OECD는 레이니 및 스터크와 그런즈의 연구(Laney, 2001; Stucke & Grunes, 2016)를 참고해 양Volume, 속도Velocity, 다양성Variety의 3V로 정의했다. 일각에서는 3V만으로는 빅데이터의 특징을 모두 설명할 수 없다며 저마다 몇 개의 V를 추가해 빅데이터의 정의를 보완하기도 했다. 이를 종합하면 빅데이터의 특징은 양, 속도, 다양성, 정확성Veracity, 타당성Validity, 가변성Variability, 휘발성Volatility, 시각화Visualization, 가치Value라는 9개
의 V를 통해 설명할 수 있다. 앞으로 소개할 빅데이터 활용사례에
서도 이 9가지의 특성이 등장한다.

① 양

이미 강조했지만 빅데이터라고 부를 수 있는 정보는 그 규모가 상
상 이상으로 커야 한다. 이미 우리에게 주어진 원자료의 양도 어
마어마하지만 내가 글을 쓰고 있는 이 순간에도 막대한 양의 정보
가 생산되고 있다. 혹자는 2020년에 이르러서는 인류가 2011년까
지 만들어 낸 정보의 50배에 해당하는 정보가 생성되었을 것으로
전망하기도 한다. 데이터의 양도 늘어나고 있지만 늘어나는 속도
도 빨라지고 있던 셈이다. 매일 수억 명의 사람들이 소셜미디어에
게시물을 업로드하고 있고, 메신저로 대화를 하고 있으며, 도로
위 CCTV에는 수백만 명의 사람과 차량 수십만 대의 이동이 기록
된다. 이러한 데이터들은 시시각각 저장돼 처리를 기다리고 있
다. 빅데이터는 이를 분석해 결과를 내야 한다.

② 속도

속도는 생성과 처리 두 가지 측면에서 빅데이터의 특성을 설명한
다. 앞서 언급한 바 있듯, 앞으로 데이터가 생성되는 속도는 점차
빨라질 것이 분명하다. 즉, 생성되는 데이터의 양과 속도는 정의

상관관계를 띠고 있다. 인터넷과 스마트 기기가 낙후지역에 보급되고 통신기술이 발달함에 따라 데이터가 생성되는 속도는 더욱더 빨라질 것이다. 한편 데이터 생성 속도가 빨라짐에 따라 빅데이터가 제 역할을 다하기 위해서는 이를 처리하고 저장하는 속도 또한 함께 높아져야 한다. 여기서 제 역할이란 현재 일어나고 있는 일에 대해서도 즉각적인 분석이 가능해야 함을 뜻한다. 앞서 소개한 스터크와 그런즈는 이를 '현장중계Nowcasting'라고 소개했다.

데이터 분석의 시의성이 강조되는 만큼 데이터 사용 목적에 따라 데이터의 시의성 자체가 중요해지기도 한다. 어제의 날씨정보는 오늘 집을 나서며 우산을 챙길지 결정하는 데 아무런 가치가 없고, 소비자 위치정보 기반 맞춤형 추천 서비스의 경우 빠른 걸음으로 이동 중인 소비자의 위치 정보는 10분만 지났더라도 무의미한 정보가 되기 때문이다.

③ 다양성

다양성 측면에서도 주목할 바가 많다. 과거에 데이터는 수치화된 정형 데이터structured data만을 지칭했다. 예를 들면, 신제품에 대한 소비자들의 반응이 어떤지가 긍정과 부정, 중립으로 분류돼 각각의 비율이 차트로 제시되었다. 조금 더 자세하게 분류한다면 매우 긍정부터 매우 부정으로 이어지는 5점 척도를 사용하거나, 심층 분석을 위해 소비자의 나이나 성별, 주소 등을 추가로 파악하는 정도였다. 하지만 오늘날에는 디지털화되어 인터넷 공간에 업로드될 수 있는 것은 모두 데이터라고 부른다. 사진 한 장부터 동영상까지 온라인상에서 우리가 접하는 모든 콘텐츠가 곧 데이터다. 이러한 수치화 및 정형화되지 않은 정보를 비정형 데이터unstructured data라고 부른다. 빅데이터는 정형 데이터와 비정형 데이터를 모두 아우를 수 있어야 한다. 어제 소셜미디어 계정에 올린 디저트 사진은 올겨울 유행하는 먹거리를 알아보기 위한 연구에 데이터로 사용될 수 있다.

④ 정확성

정확성은 말 그대로 빅데이터 분석에 활용되는 정보를 얼마나 신뢰할 수 있는지, 데이터 처리방식에 얼마나 오류가 없는지를 의미한다. 데이터의 양이 빠르게 늘어나고 있는 만큼 수집한 데이터들이 올바른지 혹은 필요로 하는 것이 맞는지를 확인하기가 매우 어려워졌고, 잡음noise을 제거하고 이들을 정확하게 다루는 것은 더욱 어려워지고 있다. 즉, 앞선 세 가지 특성이 커질수록 정확성은 떨어지게 된다. 특히 비정형 데이터를 수집하는 경우도 있는 데다 분석과정이 사람이 아닌 알고리즘이나 기계를 통해 이루어지는 경우가 많아 정확성을 제고하는 것의 중요성이 강조된다.

⑤ 타당성

타당성은 어떤 정보가 의도된 목적에 부합하는지를 나타낸다. 타당성은 정확성과 매우 유사한 개념이지만 정확성은 해당 데이터 자체가 얼마나 정확한 정보를 담고 올바르게 분석되었는지를 따지는 개념이고, 타당성은 특정한 목적에 비추어 보았을 때 그 데이터를 사용하는 것이 적합한지를 따지는 것이다. 이에 따라 정확성에는 문제가 없는 데이터도 연구에 따라 타당한 데이터로 인식되지는 못할 수도 있다.

예를 들어, 우리나라 대학생들이 월별로 외식에 얼마나 소비했는지를 파악하고자 하는 연구가 진행된다고 하자. 이때 정확도를 확인하기 위해서는 수집된 데이터가 믿을 만한 출처로부터 온 것인지, 수집방법은 올바른 것이었는지, 제3자에 의해 데이터가 편집된 적은 없는지를 확인해야 한다. 그러나 타당성을 확보하려면 이렇게 수집된 정보 중에서도 연구 목적에 맞지 않는 데이터를 솎아내고 꼭 필요한 데이터만을 가지고 분석을 진행해야 한다. 일본 대학생들에 대한 정확한 정보가 분석에 포함된다면 그 분석결과는 우리나라 대학생을 대상으로 하는 본 연구에서는 타당성이 떨어질 수밖에 없다. 실제로 데이터분석 전문가들은 수집한 정보를 정제해 타당성 높은 데이터 세트로 구비하는 데 전체 연구시간의 60%가량을 할애한다고 한다.

⑥ 가변성

가변성이란 데이터가 갖는 의미와 해석이 달라질 수 있음을 뜻한다. 이러한 차이가 발생하는 이유는 어떤 정보가 갖는 메시지가 맥락에 따라 다르게 읽힐 수 있기 때문이다. 동일한 사진이나 텍스트라도 언제 어떤 상황에서 올렸느냐에 따라 해석할 때의 의미가 달라질 수 있다. 예를 들어 2016년 겨울에 업로드된 촛불사진은 당시 늦가을부터 겨울까지 이어진 촛불시위에 동참한다는 정치적·사회적 메시지로 읽을 수 있다. 그러나 2019년 겨울에 올린 촛불사진은 연말 분위기를 띄우는 감성적인 메시지를 담고 있다고 해석할 수 있다. 비 내리는 사진에 달린 "날씨 참 좋다!"라는 텍스트와, 화창한 하늘 사진과 함께 적은 "날씨 정말 좋다!"가 다르게 읽히는 것과 같은 원리다. 이 밖에 생성자의 실수에 의해 의도와 해석이 달라지는 경우도 있다.

⑦ 휘발성

데이터의 휘발성은 정보가 영원하지 않음을 말한다. 데이터는 생성도 쉽지만 동시에 삭제도 간편하기 때문이다. 더불어 데이터베이스의 저장용량에 한계가 있기 때문에 모든 정보를 영구 보관하기란 매우 어려운 일이다. 우리는 일상 속에서도 인터넷 접속 기록이나 쿠키 정보와 같은 데이터를 수시로 삭제하고 있고, 사업자들도 사용자 정보를 주기적으로 삭제하고는 한다. 이 때문에 어떤 데이터가 필요한 시점에 이미 삭제되었을 수도 있다.

⑧ 시각화

빅데이터 분석의 결과물을 시각화하는 것도 매우 중요하다. 만약 결과물을 사람들이 이해할 수 없다면 원자료를 가공하는 의미가 없어지기 때문이다. 그러나 복잡한 분석결과를 보기 쉽게 그래프로 도식화하는 것은 쉬운 일이 아니다. 우리가 뉴스나 책에서 흔히 접하던 막대그래프나 원형차트는 다양한 변수에 대해 동시다발적 분석을 진행한 빅데이터 분석결과를 표현하기에 부족한 점이 많기 때문이다.

⑨ 가치

빅데이터의 가치는 앞서의 속성들에 추가되는 특별한 의미의 V다. 미디어학부 김성태 교수님은 수업에서 빅데이터를 "미래 성장 동력으로 제 4차 산업혁명에서 원유와 같은" 존재라고 소개하기도 했다. 빅데이터 분석을 통해 우리 사회가 필요로 하는 정보나 통찰을 얻어냄으로써 무한한 가치창출이 가능하다는 것이다. 그리고 빅데이터 저장 및 처리 등에 들어가는 비용이 상당하기 때문에, 이를 통해 창출되는 가치가 비용을 상회할 수 있게 노력해야만 한다. 앞선 8개의 특성이 유기적이고 복합적으로 작용하면서 원자료에서 '가치'가 창출되는 것이 빅데이터 분석의 핵심인 것이다.

캘리포니아의 빅데이터 활용 사례들

빅데이터에 대해 자세히 알아보았으니 이제 우리가 2주를 보낸 캘리포니아에서 구체적으로 어떤 빅데이터 활용 사례가 있었는지 넷플릭스, 우버, 구글을 중심으로 소개하고자 한다. 다른 기업들에서도 이러한 사례를 만나 볼 수 있었지만 그중에서도 특히 기억에 남는 것들을 추려보았다(타당성을 높여보았다!).

넷플릭스: 사용자 맞춤 콘텐츠 추천 알고리즘

넷플릭스가 흥행작 〈하우스 오브 카드House of Cards〉를 기획하는 과정에서 빅데이터를 활용한 일화는 이미 유명하다. 데이빗 핀처 감독과 주연 배우 케빈 스페이시를 섭외하는 데 빅데이터 분석이 큰 역할을 했기 때문이다. 하지만 넷플릭스가 빅데이터를 활용한 사례는 이뿐만이 아니다. 이들은 온라인 DVD 대여사업을 진행하던 2005년부터 '플렉스파일'이라는 시스템을 바탕으로 다양한 마케팅 채널을 개별적으로 분석해 고객 한 명을 확보하기 위해 필요한 비용과 그의 생애가치, 예상 신규가입자 수 등을 계산했다. 이어서 넷플릭스는 플렉스파일을 통해 경쟁사 블록버스터Blockbuster의 마케팅 활동을 분석해 이들과 차별화된 전략을 세우는 데에 활용하기도 했다. 블록버스터의 마케팅이 홍보와 쿠폰 지급 등에 집중돼 있음을 파악하고, 마케팅 비용을 늘리는 데에 투자하기보다 다양한 월별 요금제 도입이라는 전략을 취했다. 플렉스파일의 활약을 통해 넷플릭스는 바로 그해에 블록버스터의 시가총액을 넘어설 수 있었다.

하지만 넷플릭스의 가장 강력한 힘은 영화 추천 알고리즘에서 비롯된다. 현재 넷플릭스는 사용자가 계정을 생성할 때부터 가동되는 추천 알고리즘에 빅데이터 분석을 활용하고 있다. 추천 알고리즘이 구동되는 원리는 다음과 같다. 넷플릭스 앱은 사용자에게 최적화된 콘텐츠 추천을 하기 위해 시청기록 및 타 콘텐츠 평가결과는 물론 유사 취향을 가진 다른 유저 정보와 장르, 카테고리, 배우, 작품의 출시연도 등의 콘텐츠 정보, 사용자의 주요 시청시간대, 사용기기, 시청시간 등 다양한 정보를 수집한다. 알고리즘은 이러한 정보들을 자동으로 처리해 넷플릭스 홈페이지에 어떤 콘텐츠를 포함할지 결정하고, 행 내에 동영상을 배열할 순서와 행 자체의 배치순서를 사용자 맞춤으로 구성한다. 이처럼 넷플릭스의 추천 알고리즘은 사용자가 서비스를 원활히 사용할 수 있도록 하는 데에 핵심적인 역할을 수행하고 있다. 광고를 집행하지 않고 구독료 중심의 비즈니스 모델을 채택한 넷플릭스에게 쾌적한 사용환경 조성은 굉장히 중요한 일임에 틀림없다.

이와 같이 넷플릭스는 추천 알고리즘을 개선하는 데에 열심이다. 우리가 방문했을 당시에도 추천 알고리즘에 관한 질문이 여럿 있었다. 그중 하나는 넷플릭스가 콘텐츠 평가 시에 긍정과 부정이라는 두 가지의 선지만 제공함에 대한 것이었다. 우리가 들은 이에 대한 답변은, 다른 평가제도를 도입하려고 시도해 보았으나 대체로 사용자들의 평가가 양극단에 몰리는 경우가 많았기 때문이라는 내용이었다. 즉, 다양한 선지는 사용자들의 귀찮음을 가중할 뿐이라는 것이다. 넷플릭스는 이처럼 사용자 피드백을 즉각적으로 반영하기 위해 노력할 뿐 아니라, 과거 알고리즘 자체를 개선하기 위해 '넷플릭스 프라이즈Netflix Prize'라는 공모전을 개최하고 100만 달러의 상금을 걸기도 했다. 공모전 참가자들에게는 약 48만 명의 사용자가 작성한 1만 8천여 개의 콘텐츠에 대한 평가정보가 주어졌고, 이를 바탕으로 추천 알고리즘을 제작하도록 했다. 이후 기존 알고리즘과 비교해 10% 이상의 개선을 보인 알고리즘에 상금을 수여하는 방식으로 진행되었다. 2007년에 처음 개최된 이 행사는 2009년에 이르러 조건을 만족하는 알고리즘을 도출할 수 있었다.

넷플릭스의 사례에서는 수집하는 정보의 다양성과 정확성, 타당성 측면에서의 특징이 부각되며, 이를 통해 창출하는 핵심가치가 사용자환경 개선을 통한 사업발전이라는 점을 알 수 있다. 하지만 추천 알고리즘은 사용자가 선호하는 콘텐츠만을 노출해 사용자가 접할 수 있는 콘텐츠의 다양성을 떨어뜨릴 수 있다는 치명적 허점이 존재한다. 사용자가 필터 버블에 쌓이게 된다면 넷플릭스가 제공하는 다양한 콘텐츠에 접근하기가 어려워질 것이고, 이는 사용환경을 저해하는 요소로 작용할 수 있다. 선호 콘텐츠의 우선 노출과 다양한 콘텐츠 제공 사이에서 균형을 찾는 것이 다음 과제로 남을 것으로 보인다.

우버: 사용자 데이터를 활용하는 법

우버 본사에서는 아주 짧은 시간을 머물렀지만 한 가지는 명확하게 알 수 있었다. 우버는 차량공유를 핵심 서비스로 하는 기업이지만 궁극적인 목적은 교통량 감소를 통한 쾌적한 도시환경 조성에 있다는 점이다. 최근 우버는 이러한 지향점에 부합하는 색다른 서비스를 공개했다. 도시 곳곳에 위치한 우버 가맹차량을 중심으로 도로교통정보를 수집해 도시별 교통량 분석정보를 공개하는 서비스를 론칭launching한 것이다. 이 서비스의 이름은 '우버 무브먼트Uber Movement'로 도시와 시간을 설정하면 시간별, 날짜별, 월별 시내 교통량 변화를 최대 3개월까지 확인할 수 있다. 먼저 도시와 기간을 정하고, 기간 내 특정 요일이나 시간대를 지정하고 나면 해당 기간의 설정된 시간 동안 특정 지역에서 다른 지역으로 이동하는 데까지 평균 소요시간을 확인할 수 있다. 5분 미만의 빠른 이동은 옅은 살구색으로, 90분 이상의 긴 이동은 짙은 남색으로 화면에 나타나고, 출발 지점을 변경하면 그 지점을 기준으로

지도의 색깔이 다시 설정된다. 이를 통해 사용자는 그 도시의 교통 흐름이 일반적으로 어떠한지를 파악할 수 있고, 그날의 여정을 결정하는 데 참고할 수 있다. 나아가 우버는 이러한 정보를 시 당국에 제공함으로써 도시계획 및 운영에 이를 효과적으로 사용하게 하는 것을 목표로 하고 있다. '교통량 감소를 통한 그린시티 구축'이라는 기업의 모토가 반영된 것으로 보인다.

더불어 우버는 교통량 및 수요 분석을 가격책정을 하는 데에도 사용한다. 차량의 수요가 높은 출퇴근 시간 등에는 평소보다 가격을 높게 책정하는 탄력요금제를 적용하기 때문이다. 이때 요금 판별은 가격책정 인공지능이 맡는다. 우버의 탄력요금제는 단순히 기업 이윤을 극대화하는 데에 기여할 뿐 아니라, 때와 장소에 따른 수요 변화를 재빠르게 파악해냄으로써 수요와 공급이 일치하지 않는 현상을 해소하는 역할을 하기도 한다. 높은 가격이 책정되기 때문에 수요가 높은 지역으로 기사가 몰려 사용자들이 신속하게 차량에 탑승할 수 있게 하고, 가맹 운전자에게는 이에 따른 수익 증가가 가능하게 하는 것이다. 이는 교통체증 해소와 사용자 편익 제고에 모두 긍정적 영향을 미칠 수 있다.

이와 같은 두 사례는 데이터의 속도, 시각화 측면이 특히 두드러지는 사례로 볼 수 있다. 하지만 우버의 데이터 분석 서비스는 최근 많은 한계에 부딪히기도 했다. 먼저 가격책정 인공지능에 대해 우버와 가맹 운전자들이 담합해 지나치게 높은 가격을 받고 있다는 주장이 제기된 것이다. 결국 법정까지 이어진 이 논란에서 인간의 개입은 일절 일어나지 않았다는 우버 측 입장과 암묵적 담합이 작용했다는 사용자 측 입장이 팽팽하게 대립했고, 뉴욕지방법원은 이에 대해 원고인 사용자 측의 주장을 인정했다. 인공지능의 결정이라고 하더라도 인간의 개입을 완전히 배제할 수는 없다는 판단이었다.

한편, 우버는 안전한 이동을 보장한다는 취지에서 사용자의 여정 정보를 SMS로 공유할 수 있게 하는 서비스를 제공한다. 그러나 해당 링크가 포털에 그대로 노출되면서 사용자 정보에 대한 보안 문제가 불거졌다. 이에 우버는 해당 서비스 운영은 유지하되 여정 정보를 48시간 후 삭제하는 것으로 지침을 변경했다. 이 두 가지 사례는 빅데이터 분석이 장밋빛 미래만을 보장하지는 않는다는 것을 보여 준다. 특히, 빅데이터 분석을 진행하는 AI의 결정에 대한 책임소재 문제와 데이터의 양이 늘어나고 활용방법이 다양해지면서 보안에 대한 이슈가 강조된다는 점에 주목해야 한다.

구글: 빅데이터와 머신러닝의 중심지

로스앤젤레스의 명소 멜로즈 거리Melrose Ave.를 걷다 보면 강렬한 핫핑크색의 벽과 마주칠 수 있다. 세계적 디자이너 폴 스미스Paul Smith의 이름을 따 '폴 스미스 벽'으로 불리는 이곳은 많은 관광객이 '인생샷'을 건지기 위해 찾는 명소다. 이곳의 주인공 폴 스미스는 예술적 영감을 얻기 위해 '구글 아트 팔레트Google Art Palette'라는 이미지 검색 서비스를 사용하는 것으로 알려져 있다. 아트 팔레트는 구글 아트 & 컬처랩Google Arts & Culture Lab에서 머신러닝 기술을 통해 제작한 색채 검색 서비스다. 사용자가 특정 색상을 선택해 팔레트를 만들면, 검색 엔진은 해당 색상들이 사용된 예술작품을 추천한다. 폴 스미스는 일상 속에서 깊은 인상을 느꼈던 순간을 사진으로 담고, 그 속의 색상을 중심으로 아트 팔레트의 추천을 받아 창작의 영감을 얻는다고 밝혔다.

여기서 머신러닝Machine Learning이란 인간의 조작 없이 컴퓨터 스스로 데이터를 분석해 패턴을 찾아내고, 분류하거나 하면서 의미 있는 결과를 도출해 내는 것을 말한다. 앞서 살펴보았던 9V라는 특성들은 인간이 직접 빅데이터를 분석하고 의미를 도출하기가 어려워지도록 만든다. 워낙 양이 많고 방대하며, 확인할 것도 많다 보니 여간 똑똑한 컴퓨터가 아니고서야 정보를 처리해낼 수 없기 때문이다. 그렇기 때문에 기계 스스로 데이터를 처리할 수 있는 머신러닝의 역할이 중요해질 수밖에 없다.

이 밖에도 구글 아트 & 컬처랩은 '라이프 태그Life Tag'와 'MoMA[1] 툴MoMA Tool'이라는 서비스를 제공한다. 라이프 태그는 미국의 저

---

1 The Museum of Modern Art, 뉴욕현대미술관.

명한 사진 잡지 〈라이프LIFE〉지의 사진 400만 장을 인공지능에게 학습시키고 태그를 달아 빠른 검색이 가능하게 했다. 사건은 물론 특정 분위기에 맞는 사진을 검색하려고 할 때도 라이프 태그를 이용하면 손쉽게 원하는 사진을 찾을 수 있다. MoMA 툴은 뉴욕현대미술관의 옛날 전시사진 속에 찍힌 작품들에 대한 정보를 찾아볼 수 있게 하는 서비스다. 이를 통해 1929년 전시회 사진 속에서도 벽에 걸린 작품의 정보를 손쉽게 찾아볼 수 있다.

구글은 이와 같은 문화산업 외에도 다양한 분야에서 머신러닝을 통한 빅데이터 분석을 활용하고 있다. 일례로 남획 등의 불법 조업행위를 감독하기 위해 선박들의 위치 정보를 담은 인공위성 데이터를 머신러닝을 통해 분석하는 '글로벌 피싱 워치Global Fishing Watch'가 있다.

구글이 빅데이터와 머신러닝의 중심지라고 불리는 데에는 그만한 이유가 있었다. 앞의 네 가지 사례에서 빅데이터가 갖는 기본 특성 3가지를 고루 확인할 수 있을 뿐 아니라, 또 다른 특성인 시각화와 가치 측면에서 특히 뛰어난 성과를 보였기 때문이다. 사실 빅데이터 활용 사례에 있어 구글에 대해 이야기를 한다면 따로 책 한 권이 필요할지도 모른다. 이후에 구글과 유튜브YouTube의 PM Product Manager에 대한 이야기가 등장하므로 여기서는 몇 가지 대표적인 사례만 소개하였다.

캘리포니아에 숨어 있는 빅데이터의 흔적: 와인산업

처음 만났을 때의 어색함이 가시고 두 번째 도시 샌프란시스코로 이동했을 때쯤에는, 아침부터 저녁까지 가득 찬 일정의 피로를 풀기 위해 동기들과 방에서 가볍게 캘리포니아의 명물인 와인을 즐겼다. 우리의 저녁을 아늑하게 만들어 준 캘리포니아 와인도 빅데이터와 연관된 좋은 성공사례다. 원래 미국은 주목받는 와인 산지가 아니었다. 미국 와인은 16세기 중반부터 시작된 꽤 긴 역사를 자랑하고 있지만 19세기 무렵까지는 성찬식에 사용하는 것 외에 상업적 가치를 찾기 어려운 수준을 벗어나지 못했다. 엎친 데 덮친 격으로 20세기 초반에는 금주법까지 발효되면서 미국 와인산업은 침체기에 빠져들기도 했다.

그러던 1970년 무렵, 미국 와인이 세계적인 인정을 받게 되는 사건이 벌어진다. 20세기 들어 미국 와인의 성장세를 눈여겨본 와인 바이어 스티븐 스퍼리어Steven Spurrier는 미국 독립 200주년을 기념하고 미국 와인을 홍보하기 위해 파리에서의 블라인드 테스트를 기획했다. 시음회에는 화이트 와인 부문과 레드 와인 부문으로 나누어 각각 네 가지 프랑스산 와인과 여섯 가지 미국산 와인이 출품됐고, 저명한 와인 평론가들과 유명인사들이 심사위원으로 초청됐다. 시음회 전, 사람들은 미국 와인은 신생 와이너리에서 주로 출품됐지만 프랑스 와인들은 각 지방에서 최고 등급 '그랑 크뤼

Grand Cru'를 받았다는 점과 참석한 평론가 중 프랑스인이 절대적으로 많았다는 점에서 프랑스의 여유로운 승리를 예상했다. 그러나 결과는 충격적이게도 미국의 압승으로 끝났다. 양 부문에서 1위를 캘리포니아의 와인이 차지한 것이다. 이것이 바로 와인 역사상 가장 기념비적인 사건으로 남은 '파리의 심판'이다.

  이 사건이 빅데이터와는 어떤 연관이 있을까? 좋은 와인을 만들기 위해서는 좋은 포도를 생산해야 하고, 그러기 위해서 필요한 강수량, 일조량, 기후 및 토양 등의 각종 환경요소를 종합해 '테루아Terroir'라고 부른다. 좋은 테루아에서 좋은 포도가 생산되고, 테루아 별로 잘 맞는 포도 품종도 모두 다르다. 이에 따라 금주법이 폐지된 이후 미국의 민간 와인업자들과 대학은 최적의 테루아와, 이에 맞는 최선의 포도 품종을 찾기 위해 활발한 투자와 연구를 진행했다. UC데이비스UC Davis에 와인양조학과가 개설되었고, 유전자 감식을 통해 세상에 알려진 수많은 포도품종을 분석했다. 더불어 연구진은 인공위성 데이터를 활용해 미국 전역에 위치한 농지 정보를 수합해 최고의 테루아를 가진 지역을 찾아냈고, 그 연구결과를 농민들에게 무료로 공개해 자신의 농지가 갖는 테루아가 무엇인지 알 수 있도록 했다.

  정보의 양은 물론 다양성 측면에서도 미국의 와이너리 경영자들은 노력을 게을리하지 않았다. 유럽의 명품 와이너리를 직접 방문하거나 전문가들의 조언을 들으면서 포도 재배 및 와인 생산에 대한 노하우나 바람직한 마음가짐 등 비정형의 문화적 데이터를 수집했다. 이후 저마다 수집한 데이터를 업계 종사자들끼리 구성한 협회에서 회원들과 공유함으로써 일종의 데이터베이스를 구축했다. 이러한 노력을 바탕으로 캘리포니아는 세계적인 와인 산지로 거듭날 수 있었고, 오늘날까지 포도재배, 와인생산, 관광산업으로 구성되는 거대한 산업 클러스터를 구성해 경쟁력을 높이고 있다. 빅데이터의 기초 3V와 함께 사회적 가치를 지향한 사례라고 할 수 있다.

엔지니어 천하에서 사회과학도로 살아남기

앞서 소개한 것처럼 우리는 여행 중 다양한 방법으로 빅데이터를 활용한 사례들을 만나 볼 수 있었다. 하지만 우리가 제 4차 산업혁명을 이끌고자 꿈꾸는 미디어 루키스로서 엔지니어링 비전공자라는 사실은 큰 벽으로 다가왔다. 빅데이터가 열어 주는 가능성에 관해 공부하고, 산업 현장에서 이들이 실제로 어떻게 사용되는지를 안다고 하더라도, 우리가 주체가 되어 이를 활용하지 못한다면 우리의 여정은 의미를 잃게 될 것이 아닌가. 그런 점에서 '데이터 기반의 기술 중심 사회에서 우리는 무엇을 할 수 있을 것인가?'라는 질문은 이번 여정이 우리에게 던진 근본적인 질문이었다.

탐방 중 수많은 전문가를 만나 다양한 분야에서 깊이 있는 이야기들을 들었지만, 이분들은 모두 엔지니어라는 공통점을 가지고 있었다. 첫 방문지였던 메소드스튜디오Method Studios를 시작으로 로멜라RoMeLa, UC어바인UC Irvine, 넷플릭스, 포드Ford 등에서 강의를 들을 때마다 굉장한 뿌듯함과 지적 희열을 느끼면서도 공학 전공자가 아닌 사람으로서 갖는 한계가 있을 수밖에 없음을 느꼈다. 그러나 여정 말미에 방문한 구글과 유튜브의 PM 이해민 팀장님과 준 로아이자Jun Loayza 팀장님과의 만남은 우리에게 작은 힌트와 희망을 주었다. PM은 제품 하나를 담당해 기획부터 론칭까지 총괄·관리하는 직책으로, 기술적 영역과 사업적 영역을 모두 다룰 수 있어야 한다. 물론 엔지니어링 경험이 있어야겠지만 전공자가 아니더라도 관련분야에 있어서 충분한 경험이 있다면 PM으로 일하는 것이 가능하다.

그렇다고 해서 PM이라는 직업 자체가 그 희망이었다는 것은 아니다. PM으로서 활동하는 데에 필요한 능력이 바로 우리에게 주어진 해답이었다. 자세한 설명을 위해 마지막 방문지 유튜브에서의 강의를 소개하고자 한다. 강연자 로아이자 팀장님은 PM으로 일하기 위해 필요한 능력을 일일이 소개하는 대신 즉석에서 '구글의 AI 스피커 홈Home을 활용한 사용자 생활환경 개선 게임 제안'을 주제로 PM을 채용하는 모의면접을 진행하였다.

미션: 구글 홈을 활용해 사용자 생활환경 개선 게임을 제안할 것

과제 ① — 목표 소비자층을 누구로 할 것인가?

제품개발은 목표 소비자층을 누구로 할 것인가에서 시작된다. 1인 가구, 핵가족, 확대가족 등 다양한 소비자군이 언급됐지만, 기술의 도움을 받아 삶의 질을 높인다는 미션을 고려할 때 취약계층을 대상으로 하는 것이 좋겠다는 의견이 많았다. 취약계층일수록 주변의 도움을 더욱 절실히 필요로 할 것이고, 개선의 여지도 클 것이라고 판단한 까닭이다. 결국 독거노인을 위한 게임을 개발하는 것으로 결론이 났다.

과제 ② — 사용자의 생활환경 중 무엇을 개선할 것인가?

독거노인으로서 생활하는 데에는 다양한 어려움이 있다. 간단하게는 꽉 닫힌 잼 통을 열어야 할 수도 있고, 약 먹을 시간을 까먹을 수도 있다. 조금 큰 일이라면 집 안에서 갑작스러운 사고가 난다거나, 무료한 일상에 지쳐 우울증에 빠질 수도 있으며, 자치단체의 지원을 요청하거나 병원 예약을 잡는 등 중요한 일들의 자세한 절차를 몰라 처리하지 못할 수도 있다. 이 밖에도 다양한 문제들이 있겠지만 이들은 결국 하나의 근본적 문제로 인해 발생하는 것이다. 바로 집 안에 혼자 있다는 점이다. 혼자이기 때문에 주변의 도움을 받으면 쉽게 해결했을 일도 해낼 수 없고, 쉽게 우울감에 빠질 수도 있다. 그렇기 때문에 독거노인의 생활환경을 개선하는 데에는 친구 혹은 동거인의 역할을 해줄 존재를 찾는 것이 매우 중요하다.

과제 ③ ― 문제해결을 위해 구글 홈의 어떤 기능을 활용할 것인가?

이제 목표 소비자도 정했고, 어떤 문제점을 개선할 것인지도 특정했으니 남은 문제는 구체적 수단을 알아내는 것이다. 외로움 해소를 위해 친구 혹은 동거인의 존재를 핵심 요건으로 선정한 만큼, 구글 홈을 통해 이를 구현해 내야 했다. 독거노인에게 친구가 갖는 기능은 정서적 기능과 물리적 기능으로 나눌 수 있을 것이다. 전자는 감정적 외로움을 달래고 정보적 도움을 제공하는 것일 테고, 후자는 사고가 발생했거나 집안일을 하다가 어려움이 있을 때 물리적인 도움을 주는 것이다.

우리는 구글 홈이 이 두 가지 역할을 모두 수행할 수 있게 하기 위해 음성인식 기능, 구글 드라이브와의 연동 기능, 사용자 간 상호접속 기능을 활용할 수 있다고 판단했다.

결과 ― 우리의 제안

먼저 정서적 기능의 측면에서 구글 홈은 음성인식 기능과 드라이브 연동기능을 활용해 사용자에 특화된 대화상대가 되어줄 수 있다. 우선 사용자가 집 안에 들어온 것을 음성인식을 통해 확인하면, 홈은 드라이브에 업로드된 사용자의 사진, 문서 등을 바탕으로 대화 주제를 만들어 내 말을 걸기 시작한다. 특히 사진에 기록된 태그정보를 바탕으로 사용자의 추억을 매개로 한 유대감 형성을 시도하는데, 사용자는 이를 통해 대화 속에서 사회적 실재감을 확인할 수 있다. 더불어 이 프로그램은 지속적으로 사용자가 기억을 되짚어보게 함으로써 기억력을 향상하는 데 도움을 줄 수도 있을 것이다. 그리고 대화와 관련된 데이터가 쌓일수록, 홈의 AI는 사용자의 특징을 파악해 정형화하기 시작한다. 이를 바탕으로 프로그램은 인근에 있는 비슷한 추억, 관심사, 성향 등을 공유하는 타 사용자와의 원격 채팅을 제안하게 된다. 이렇게 형성된 인간관계는 독거노인을 물리적으로 도울 수 있는 친구로 발전할 수 있을 것이다.

급하게 떠올린 아이디어를 바탕으로 제안한 것이었기 때문에 기획에 있어 다소간 논리의 비약이나 허점이 있을 수는 있다. 그럼에도 불구하고 30여 분간의 모의면접을 통해 우리는 엔지니어들 사이에서 살아남기 위해 무엇을 해야 하는지 분명히 알 수 있었다. 우리는 공학 전문가가 아니기 때문에 직접 기술을 개발하는 일 등에는 참여할 수 없다. 하지만 특정 기술이 수행하는 기능이 무엇인지, 이를 우리 사회에 어떻게 활용할 수 있을지, 개선의 방향성은 어떻게 설정할 것인지 고민하고 종합하여 하나의 제품으로서 제안할 수는 있다. 준 로아이자 팀장님 또한 철학과 경제학

유튜브 사옥 앞에서 로아이자 팀장님(뒷줄 오른쪽에서 네 번째)과 함께.

을 전공했지만 다양한 기업들에서 이러한 능력을 발휘한 경험을 통해 유튜브에서 PM으로 활동할 수 있었다고 했다. 핵심은 기술을 이해하고 활용하는 능력에 있었다.

기술 독해력이 필요하다

앞서 말한 기술의 역할과 활용방법을 이해하는 능력을 한마디로 요약한다면 기술 독해력Technological Literacy이 된다. 그리고 데이터의 시대에서 '문송'하지 않기 위한 방법도 바로 이것이다. 국제기술교육협회ITEA는 기술 독해력을 개인이 기술을 사용하고use, 조

작하고manage, 평가하고assess, 이해understand하는 능력이라고 정의
했다. 기술 독해력을 갖춘 사람은 시간이 흐름에 따라 고도화되는
방식으로 기술이란 무엇이며, 어떻게 만들어졌고, 사회를 어떻게
형성하고 역으로 사회에 의해 어떻게 형성되는지 이해하게 된다.
문학의 예를 들면 훨씬 개념에 대한 이해가 쉬워진다. 우리는 모
두가 헤밍웨이나 위고, 윤동주가 될 수는 없다. 하지만 우리는 학
습을 통해 그들의 작품을 읽고 작가가 전달하는 메시지는 무엇이
고 그것이 시사하는 바가 무엇인지를 파악할 수 있다. 그것만으로
도 문학을 바탕으로 사람들의 감성을 자극하는 콘텐츠를 개발하거
나 학술연구를 진행하는 등 다방면으로 활용하는 것이 가능하다.

　그렇다면 기술 독해력을 키우기 위해 우리는 어떤 노력을 기울
여야 할 것인가? 답은 간단하다. 열심히 공부하는 수밖에 없다!
기술을 '읽을' 수 있으려면 그 원리와 기능을 이해해야 하기 때문
이다. 코딩을 배운다거나, 현재 주목받고 있는 신기술에는 무엇
이 있는지, 앞으로 어떤 방향으로의 발전이 일어날지를 중점적으
로 공부할 수도 있고, 최신 테크 이슈를 중심으로 기술을 바탕으
로 한 사회문제 해결방법을 탐구할 수도 있다. 이로써 직접 알고
리즘을 작성하지는 않더라도 적어도 엔지니어들과 현장에서 '말이
통할 수준'은 되어야 한다. 구글과 유튜브의 PM들은 이 부분을
특히 강조했다. 공학 전공 경력이 없는 사람으로서 데이터 기반
사회에서 활동하기 위해서는 적어도 엔지니어들과 원활하게 대화

하고 함께 기술의 잠재력을 탐구할 수 있어야 하고, 우리 사회를 위해 어떤 기술을 어떻게 사용할 것인지 알아야 하기 때문이다.

AJ 미디어 루키스 프로그램을 통해 느낀 기술 독해력을 키우기 위한 또 다른 방법은 바로 경험이다. 백문불여일견百聞不如一見! 공부를 통해 이론을 배웠다면, 경험을 통해 그 지식의 내공을 쌓을 수 있을 뿐 아니라 가치를 깨달을 수 있다. 2주간의 빡빡한 일정 속에서 스무 가지가 넘는 탐방과 체험을 통해 학교수업 중에 배웠던 기술의 힘과 가능성의 실체를 느낄 수 있었다. 메소드스튜디오에서는 컴퓨터 그래픽이 미디어 콘텐츠를 어떻게 진화시킬 것인지, 포드와 우버에서는 미래사회의 모빌리티가 어떻게 달라질지, 넷플릭스와 디즈니에서는 콘텐츠 제작자들이 관객과 어떻게 소통하는지 생생하게 배웠다. 현장에서 만난 전문가들도 경험의 중요성을 특히 강조하였다. 블라인드의 김성겸 이사님은 학부시절 관심이 생겨 독학한 코딩 지식을 바탕으로 엔지니어 출신 동료들과 작업하면서 창업을 준비했고, 유튜브에서 강의를 진행한 로아이자 팀장님의 경우에도 경제학을 전공했지만 테크 기업에서의 경험을 바탕으로 유튜브에 입사했다고 한다. 열심히 공부하고 다양한 경험을 쌓는다면 우리도 기술 독해력을 갖춘 전문가로 거듭날 수 있을 것이다.

로스앤젤레스에서 시작해 샌프란시스코에 이르는 2주간의 여정은 우리에게 빅데이터에 관한 기술이 가져올 미래를 엿볼 수 있게 해주었다. 우리는 앞으로 반드시 이 여정에서 접해 본 기술들과 만나게 될 것이고, 이들 사이에서 살아가게 될 것이다. 특히 미디어산업은 이미 ICT를 활용한 정보통신 분야를 포함해 광범위한 산업으로서 정의되고 있다. 이처럼 기술은 사회 각 분야에 침투해 변화를 일으키고 있다. 앞으로 빅데이터를 중심으로 한 제4차 산업혁명 시대에서 우리의 일상은 곧 네트워크를 통해 전송되는 정보가 되고, 이를 분석함으로써 개인적·사회적 의사결정이 이루어지게 될 것이다. 우리가 살아가게 될 이러한 사회를 데이터 기반 사회Data-driven Society라고 부른다.

끝으로, MIT의 펜트랜드Alex 'Sandy' Pentland 교수님의 글을 소개하며 이야기를 마치고자 한다. 귀국 비행기를 기다리면서 우리는 2주간의 값진 경험을 바탕으로 저마다 꿈꾸는 분야에서 기술을 읽을 수 있는 인재로 성장하겠다고 다짐했다. 빅데이터가 만드는 데이터 기반 사회에서 우리 미디어 루키스 모두 '문송'하지 않은 미디어 베테랑으로 성장할 수 있기를 바란다.

… 전 세계에 걸쳐 수십억 명의 사람들과 기기가 기술적으로 연결되어 있는 가운데, 우리는 이제 복잡한 세계가 필요로 하는 역동적인 탄성resilience을 갖춘 피드백 루프를 갖게 되었다. 지속가능한 미래를 보장하기 위해 우리는 이 새로운 피드백 루프를 활용하여 전 세계적으로 정부, 에너지, 공중보건 시스템의 안정성을 유지하는 '신경계'

를 만들어야 한다.

이러한 글로벌 신경계의 중추인 빅데이터는 오늘날의 거대한 글로벌 과제를 해결할 중요한 자원이다. 점진적으로 성장하고 있는 네트워크로 연결된 컴퓨터의 힘을 활용하는 빅데이터는 사회가 어떻게 세부적으로 구동하는지를 명확하게 파악할 수 있게 한다. 빅데이터는 서로 연결돼 복잡한 관계를 맺는 데이터에 대한 것이다. 그런 관점에서 정보의 흐름은 이 새로운 세계를 이해하고 건설하는 데 중심적이다 … (Pentland, 2013).

더 생각해 보기

1 데이터가 미디어와 만나면서 변화된 미디어의 새로운 지형은 무엇이며, 앞으로 어떤 방향으로 발전해 갈까요?

2 데이터의 시대에 데이터에 대한 의미 있는 해석 능력이 요구되는 이유는 무엇이며, 그 능력은 어떻게 키울 수 있을까요?

3 데이터 미디어 시대의 프라이버시 문제와 데이터 남용의 문제는 어떻게 해결될 수 있을지 토론해 봅시다.

참고문헌

김영혁(2017. 11. 3.), "Dynamic Pricing이 확산되고 있다", 〈LG경제연구원〉.
〈머니투데이〉(2016. 1. 11.), "넷플릭스가 강한 이유, '계산된' 〈하우스 오브 카드〉의 성공".
서봉원(2016), "콘텐츠 추천 알고리즘의 진화", 〈방송트렌드&인사이트〉, 5: 19~24.
신동호(2008), "미국 캘리포니아의 와인생산 클러스터에 관한 연구: 나파, 소노마 지역을 사례로", 〈한국경제지리학회지〉, 11(1): 130~147.
신성호(2018. 6. 1.), "꼭 기억해야 할 와인 그리고 사건, 파리의 심판", 〈소믈리에타임즈〉.
〈연합뉴스〉(2018. 3. 8.), "구글, 파리서 인공지능 활용 문화프로젝트 3선 공개".
정대희·정구현(2013), "북·남미 와인산업 동향", 〈세계농업〉, 149: 117~134.
〈한국경제〉(2017. 4. 2.), "AI가 '가격담합'했다는데 … 법적 책임은 누가?".
CIO Korea(2015. 9. 7.), "우버, 탑승 경로·사용자 이름 등 민감한 정보 48시간 동안만 지원키로".
〈IT조선〉(2015. 1. 30.), "머신러닝, 빅데이터와 '뭐가 달라?'".

Google, "Oceans of Data: Tracking Illegal Fishing Over 1. 4 Billion Square Miles".
_____, "Product Manager".
Google Arts & Culture, "Unlocking Culture With Machine Learning".
ITEEA(2007), *Standards for Technological Literacy: Content for the Study of Technology* (Third Edition). https://www. iteea. org/42511. aspx
Keating, G. 저, 박종근 역(2015), 《넷플릭스 스타트업의 전설》, 한빛비즈.
Khan, M. A., Uddin, M. F., & Gupta, N. (2014), "Seven V's of Big Data Understanding Big Data to Extract Value". In proceedings of the 2014 zone 1 conference of the *American Society for Engineering Education*, 1~5, IEEE.
Laney, D. (2001), "3D Data Management: Controlling Data Volume, Ve-

locity and Variety", *META Group Research Note*, 6.

MoMA, "Identifying Art Through Machine Learning: A Project With Google Arts & Culture Lab".

Netflix, "Netflix의 추천 콘텐츠 시스템 작동 방법".

OECD(2016), "BIG DATA: BRINGING COMPETITION POLICY TO THE DIGITAL ERA". https://one.oecd.org/document/DAF/COMP(201-6)14/en/pdf

Pentland, A. (2013), "Data-driven Societies", *World Economic Forum*.

Press, G. (2016.5.23.), "Cleaning Big Data: Most Time-consuming, Least Enjoyable Data Science Task, Survey Says", *Forbes*.

Stucke, M. E. & Grunes, A. P. (2016), *Big Data and Competition Policy*, New York: Oxford University Press.

Uber, "Uber Movement".

van Rijmenam, M. (2013), "Why the 3V's Are Not Sufficient to Describe Big Data", *Datafloq*.

실리콘밸리에서
모빌리티의 라스트마일[1]을 찾다

우버

김희수 미디어학부 2학년

우리는 버스 말고 우버 탑니다!

여행준비를 위한 설레던 첫 미팅 날에 갑자기 날벼락 같은 소식을 들었다. "여러분, 미국 돌아다니는 데 코치[2]보다는 현지 문화를 느낄 수 있는 우버가 좋겠죠?" 후원으로 가는 것이었기에 최대한 의미 있게 예산집행을 하고자 교수님들이 파격적인 결정을 했다. 다행히 교수님들이 그린 큰 그림은 옳았다. 예산절약이 주목적이었지만, 캘리포니아 현지 삶의 일부로 자리 잡은 우버의 서비스를

---

1   서비스가 최종 소비자에게 전달되는 마지막 단계.
2   코치 (Coach) 는 일반적으로 단일 도시 내에서 이용되는 시내버스와 달리, 미국 대도시 간을 잇는 장거리 서비스에 이용되는 버스다.

79

날것 그대로 이용해 보는 것은 값진 경험이었다. 우버는 2019년 5월에 상장했지만, 급속도로 몸집을 불린 까닭에 아직 체계가 덜 잡혀있었고 우리나라에서 이용 가능한 서비스는 제한적이다. 미국에 간 김에 서비스를 직접 이용해 본다면 우버가 가진 특징을 몸소 느끼며 그들의 비즈니스 모델을 이해하는 데 도움이 될 것이라는 생각이 들었다.

우버는 한국에서는 본격적 시장 진입을 노리고 있었고, 해외에서는 각종 이해관계자들을 상대로 사업의 돌파구를 탐색하고 있었다. 우버는 그러한 면에서 디즈니, 구글, 넷플릭스, 페이스북 등 우리가 방문했던 다른 빅테크 기업3과 달랐지만, 빅테크 기업들도 우버같이 작은 규모에서 시작해 논란을 딛고 실리콘밸리의 성공신화를 썼기 때문에 본질은 비슷하다. 나는 실리콘밸리만의 빠른 스케일업4과 도전정신을 체험하고 싶어 AJ 미디어 루키스 프로그램에 지원했었기에 모빌리티 시장을 어지럽히는 혁신의 주역 우버에 자연스럽게 눈길이 갔다. 스타트업이 새로운 시장을 발견하고 자리를 잡아가는 방식이, 불안하지만 갈피를 찾고자 노력하는 내 모습과 닮아 있다고 느끼기도 했다. 잠재력이 크고, 어딘

---

3 빅테크(big tech) 기업은 인터넷을 기반으로 한 거대 정보기술(IT) 기업을 말한다.
4 스케일업(scale-up)은 사업 규모를 키워 기업 규모를 급속도로 성장시키는 경영방식을 말한다.

가 특별하다고 말하지만 내·외부 이해관계자의 벽에 부딪히고 있는 우버, 그들의 돌파구는 무엇일까? 이 글을 통해 우버의 돌파구와 장기적인 미래 비전을 알아보고자 한다.

우버가 대체 어떤 회사길래?

미국에 가기 전 보고서 브레인스토밍을 하면서 여러 기업을 조사했었다. 그러나 우버만큼 실리콘밸리의 특징을 대표하는 기업이 없다고 생각해 나의 주제로 삼았다. 우버는 우리가 미국에 가기 전인 2019년 8월만 해도 세 달 전인 5월에 상장을 갓 마친 기업으로, 기대 반 불안 반으로 상장 후 행보가 주목되는 상태였다. 상장 전에는 유니콘Unicorn 기업을 넘은 데카콘Decacorn 기업5으로 각광받았지만, 상장 이후에는 공모가 대비 주가가 8% 이상 떨어지면서 최악의 기업공개IPO, Initial Public Offering 사례로 손꼽힌다. 기업공개 전 우버의 추산가치는 어마어마했지만 아직은 대기업이라고 하기엔 딛고 일어서야 할 논란들과 한계들이 많은 상태였다. 기업공개가 실패한 가장 큰 이유는 엄청난 규모의 적자이다. 벤처캐피

---

5   유니콘 기업이란 기업가치가 10억 달러 이상인 비상장 스타트업을 뜻하고, 데카콘 기업은 기업가치가 100억 달러 이상인 비상장 스타트업을 뜻한다.

탈 '르네상스 캐피탈'은 우버가 상장 전 12개월 동안 가장 큰 규모로 적자를 낸 기업이라고 밝혔다. 모빌리티업계의 지속된 가격경쟁, 그리고 새로운 시도로서의 투자 때문이었다. 비슷한 차량공유 서비스를 제공하는 경쟁기업으로는 '리프트Lyft', '그랩Grab', '디디추싱DiDi Chuxing' 등이 있다. 그러나 우버의 장기적 서비스 목표인 '모빌리티'라는 가치로 따지면 경쟁자는 기존 택시업계부터 렌터카, 자율주행, 드론 등으로 확장된다. 이러한 상황에서도 우버는 이례적으로 전 세계에서 가장 빠른 시간 안에 투자를 받아 규모를 확장시켰다. 모빌리티 서비스 분야에서 우버라는 플랫폼이 가진 잠재력을 인정받았기 때문이다.

우버는 2009년 개릿 캠프Garrett M. Camp와 트래비스 캘러닉Travis Kalanick 두 사람이 공유택시 서비스를 론칭하면서 시작했다. 우버의 스마트폰 앱은 출발과 도착장소를 입력하면 GPS가 위치를 자동으로 알아내 우버 기사에게 지불할 적정가격을 자동으로 계산한다. 땅덩이가 넓은 미국에서 택시를 잡는 것은 어려운 일이라 기사와 고객을 연결해 주는 서비스는 사람들에게 인기가 많았다. 기존 택시 서비스에 사람들은 불편함을 느끼고 있었고, 여유차량은 남아돌던 미국의 상황에 맞는 상품이었던 것이다. 이를 통해 우버는 투자자들에게 매력적인 기업임을 각인시켰다. 엔젤 투자자들에게 펀딩을 받기 시작한 건 2009년이었지만 시리즈series A, B, C 펀딩까지 차근차근 받아 순지분6 거구기업이 되었다. 우버는 미국 모빌리티 시장을 장악하는 것을 넘어 세계 전체의 모빌리티를 장악하려는 야심을 가졌다. 그러나 그 야심이 조금은 과했나보다. 중국 공유 모빌리티 시장에서는 디디추싱과의 경쟁에서 밀리면서 2016년 3조 6천억 원의 손실을 냈고, 한국, 영국, 덴마크 등지에선 정부에게 영업금지를 당해 끝내 전 세계 공유 모빌리티 장악의 꿈을 버렸다.

시장 실패만으로도 가슴 아픈데, 엎친 데 덮친 격으로 이해관계자들과의 관계도 썩 좋지 않았다. 우버의 비즈니스 모델이 가진 외부적 특성과 IT 기반 비즈니스 스타트업이라는 내부적 특성으로 인해 우버는 정부, 경쟁자, 우버 기사, 고객, 직원 등 여러 사회집단 및 이해관계자와의 갈등을 빚었다. 블룸버그를 통해 2017년 처음 공개한 재무상태에 따르면 우버는 약 38억 달러 정도의 영업적자를 내고 있었다. 내부적으로는 창립자인 캘러닉을 비롯한 직원들의 성희롱, 직권남용 문제가 계속 제기되어 왔다. 여성 소프트웨어 엔지니어인 수전 파울러가 제기한 직장 내 성희롱 문제 폭로를 계기로 내부 감사를 단행하여 개선하고자 노력 중이다. 그러나 내·외부 모두에게 찍힌 '비윤리적인 기업'이라는 딱지는 쉽게 없

---

6 순지분(Equity)은 주주들로부터 출자받는 자본을 일컫는다. 재무제표의 대차대조표에서 나타나듯 기업의 자산은 은행으로부터 빌리는 부채와 순지분으로 이루어진다.

어지지 않았다. 우버 기사 관리도 지속적인 고민거리이다. 이미 진출한 국가들의 정부와도 마찰을 빚어 영업에 차질이 생겼다.

뜨거운 감자인 우버는 각종 논란에도 불구하고 2019년 5월에 뉴욕증권거래소 나스닥 시장에 상장했다. 아직 상장하기에는 리스크가 큰 기업인데도 상장을 감행한 우버의 행보는 경쟁사 리프트의 상장에 밀리지 않기 위한 선택이자, 투자자들의 요구에 대한 응답이라고 분석된다. 혁신과 논란의 양면을 가진 기업으로 악명을 떨치며 논란은 갈등으로 이어졌고, 이것이 이해관계에 영향을 미치자 우버는 새로운 기업 미션과 그에 따른 위기관리 전략을 세웠다. 다만, 이때가 기업공개를 한 지 1년이 채 되지 않은 시점이었는데 우버의 주식은 2019년 9월을 기준으로 상장 당시보다 19% 낮은 가격으로 거래되고 있었다. 공유경제 차량서비스인 리프트나 업무용 메신저 슬랙Slack, 공유경제 오피스사업인 위워크 WeWork 또한 주목을 받던 이유가 거품이었다는 평가를 받았다.

가장 주목받았던 스타트업의 이러한 추락이 슬프고 씁쓸하다. 보고서 주제를 처음 정할 때만 해도 스타트업으로서 우버가 가진 위기타파전략을 분석해 보고 싶었는데, 우버의 위기는 현재진행형인 듯하다. 그래도 아직 사업이 완전히 실패하였다는 것을 판단하기에는 이르다고 생각한다. 향후 우버가 펼치는 전략은 기업의 지속가능성을 넘어 모빌리티 시장의 미래를 그려 나가는 데 지대한 영향을 미칠 것이라고 생각한다. 이에 따라 우버가 지적되는 문제점들을 해결하고 모빌리티업계 내에서 안정적 지위를 얻을 수 있을지에 귀추가 주목된다.

우버 고객의 여정기

부담스럽지 않고 편하다. 우버에 대한 첫인상이었다. LA공항 도착 후 호텔로 갈 때부터 다시 공항에 돌아가기까지 우버 라이드는 우리의 주요한 운송수단이었고, 본사를 잠깐이나마 방문했던 곳이다. 2주 동안 고객으로서 이용한 서비스를 소개하며 느낀 점을 얘기해 보겠다.

　미국에서의 첫날, 공항에 내린 후 2주치 짐을 들고 있던 14명의 루키스 일원은 당혹감에 휩싸였다. 미국 여행 준비과정에서 우버 사용이 결정된 후, 우리는 조를 미리 짜서 휴대폰으로 우버를 부를 대표를 정했다. 각 팀의 '대장'으로 불렸던 이들은 앱을 다운받아 결제카드 등록까지 이미 마친 상태였다. 그런데 북적거리는 공항에서 난생 처음 우버를 타기란 생각보다 힘들었다. 처음 와 보는 장소에서 우버 기사에게 우리가 기다리고 있는 장소를 정확히 알려주기는 어려웠다. GPS가 있어 대략적인 장소는 알리더라도 공항 근처 도로가 혼잡해 엇갈릴까 봐 걱정되었다. 하지만 우버는 운전자와 고객이 엇갈리는 상황이나 교통이 혼잡한 상태를 대비한 기능들을 제공하고 있었다. 사용자 입장에서 발생하는 불평과 피드백을 우버가 충분히 숙지하고 있었기 때문이다. 우버 기사가 우리를 픽업하러 올 때 내비게이션을 활용해 우리는 운전자의 위치를 실시간으로 확인할 수 있었고, 번호판, 차종, 운전자의 얼굴 등도 바로 확인할 수 있었기에 우리가 부른 우버의 식별이 가능했다. 또한 앱 내에 전화를 걸 수 있는 기능도 있어서 서로의 위치를 찾기 힘들 경우 전화를 걸어 픽업 위치를 대화로 자세히 알아낼 수 있었다.

공항에서 탔던 차량은 우버 블랙Uber Black이었는데, 6인승의 모범택시 콜밴이었다. 모범택시급의 고급차량이어서 그런지, 우리의 첫 우버 라이드에 돈이 생각보다 많이 들어서 다들 조금 놀라기는 했다. 여기서 우버의 가격 모델을 안 짚고 넘어갈 수가 없다. 우버는 DPMDynamic Pricing Model (시간기준 가치결정 모델) 을 사용하고 있어서 같은 거리더라도 가격이 수요와 공급에 따라 다르게 책정된다. 이에 따라 공항 - 호텔을 오간 우리의 라이드 요금도 높아진 것으로 추측한다. 공항 근처라 우버의 수요가 높아 원래 비싼 편인 데다가 이용객들이 특히 더 많은 시간대였다. 게다가 우리는 6인승짜리 밴을 타겠다고 체크를 했으니 돈이 꽤나 많이 들었다. 그렇지만 대안인 택시보다는 싼 가격이라 합리적 선택이라고 다들 동의했다.

우버의 라이드 헤일링ride hailing 서비스는 고객의 니즈needs에 따라 세분화되어있다. 우리가 이용했던 우버 블랙은 넓은 자리와 향상된 서비스를 제공하는 모범택시와 비슷하다. 이에 반해, 기본 우버 라이드는 4인이 탑승 가능한 차량으로 운영된다. 가끔씩 운좋게 기본 우버 라이드를 신청했는데 기사가 6인승 차량을 몰고 오는 경우도 있다. 우버 풀Uber Pool은 카풀 서비스인데, 가격이 일반 우버 라이드보다 싸다. 다만 우버 풀을 사용하면 도착예상시간보다 늦게 도착할 가능성이 높다. 카풀하기로 한 사람이 우버 도착시간에 맞춰서 픽업 장소에서 대기하고 있지 않거나 기사가 카풀 도중에 추가로 고객을 받을 때도 있기 때문이다. 따라서 우버 풀 이용자는 늦을 수 있다는 부담을 안는 대신 카풀을 통해 가격을 낮춘다. 우버 풀을 통해 모두를 최적화된 거리와 최적화된 동선으로 이동시켜 장차 도시계획 영역까지 뻗어나가려는 우버의 야심을 엿볼 수 있었다.

우버 기사는 택시 기사에 비해 서비스 정신이 떨어질 것이라는 인식도 큰데, 우버는 운전자평가시스템을 미국의 팁 문화와 적절히 섞어 이 문제를 해결하고자 했다. 우버 라이드 이용 후, 운전자는 주행을 완료했다고 우버 시스템에 보내게 되고, 차에서 내린 고객은 방금 전 여정이 어땠는지 우버 앱 내에서 평가를 할 수 있다. 숫자 형태로 별점을 매기는 것은 기본으로 깔려 있고, 글 형식의 리뷰도 작성이 가능하다. 별점을 매기고 나면 운전자에게 줄 팁의 양을 결정하게 된다. 우버는 일정 점수 이하의 우버 기사에게는 기사용 앱의 접근을 막고 있는데, 이를 통해 우버 서비스 품질을 유지한다. 우버 기사 되기가 그리 어렵지 않다는 게 리스크라면 리스크다. 운전면허와 신원확인이 가능한 서류만 제출하면, 우버 앱을 어떻게 사용하는지 알려주는 13분짜리 동영상 하나만 시청한 후 바로 기사로 등록이 가능하다. 우버 기사의 차량 상태는 점검하지 않고 기사 자격을 부여하기 때문에 안전성 검증은 하기 힘들다. 대신 탑승자 리뷰, 피드백을 바탕으로 고쳐나가는 방법밖에 없다. 만약 정식으로 우버 기사 트레이닝을 별도로 받고 싶다면 65달러를 지불하고 4시간짜리 연수를 받을 수는 있다. 인건비 문제로 모든 우버 기사에게 연수를 제공하는 것은 불가능하다. 이로 인해 우버 기사와 탑승자 간의 불협화음이 논란으로 이어진 경우도 있었다. 그렇지만 고객 리뷰 활성화의 순기능도 있다. 부정적으로 평가받는 '운전 중 전화 받기', '급속 브레이크 밟기', '불편한 발언' 등의 행동을 일삼는 우버 기사들을 손쉽게 골라낼 수 있기 때문이다.

단편적이기는 하지만, 미국에서 2주 동안 우버를 타면서 느낀점은 우버 기사들이 굉장히 친절하고 서비스 정신이 좋았다는 것이다. 가끔씩 사탕 같은 걸 나눠주는 기사도 있었고, 우버 풀 기사들은 제시간에 카풀 고객이 나타나지 않은 것에 대해서도 미소로 응답할 만큼 친절했다. 우버 고객 기능인 별점과 팁문화 때문이리라. 그렇다 할지라도 뭐니 뭐니 해도 빼놓을 수 없는 건 운전자와의 스몰토크small talk였다. 사교성이 좋아 대화를 잘 이끌어나가는 우버 기사들과의 스몰토크 덕분에 미국에서 많은 추억을 쌓아서 간직하고 있다. 우리는 아무래도 이동거리가 긴 우버 라이드를 주로 이용하다 보니, 1~2시간씩 가만히 있으면 심심하기에 운전자들이 먼저 말을 걸어주었다. 우버를 탈 때마다 새로운 사람들과 재밌게 대화를 나눌 수 있어서 다음 우버 라이드를 항상 기대했다. 처음 공항에서 호텔로 갈 때 관광객 느낌을 물씬 풍겼던 우리 일행에게 우버 기사는 근처 맛집들을 추천해 줬고, 한국에서 왔다고 하니 본인이 옛날에 한국에서 미군으로 주둔했던 기억들을 얘기하며 무척 반가워하였다.

드라이브에 음악도 빼놓을 수 없는데, 캘리포니아라 그런지 웨스트코스트west-coast 특유의 따뜻하고 말랑말랑한 리릭컬lyrical 힙합이나 알앤비R&B 노래를 틀어 주는 취향 좋은 우버 기사들이 꽤 많았다. 좋은 음악 찾기가 취미인 나는 너무 행복했다. 미디어 루키스 일행인 규웅 오빠는 BJ 더 시카고 키드BJ the Chicago Kid라는 가수의 〈클로즈Close〉라는 노래를 우버 기사에게 추천받고, 함께 들으며 대화를 나누었던 기억이 최고의 기억이라 할 정도로 우버 기사들의 따스함과 친근함은 우리 모두에게 남아 있는 기억이다. 요즘도 이따금 대중교통이 아닌 누군가의 차를 탈 때면, 우버 기사와 같이 탔던 사람들이 열심히 선곡했던 노래들이 귓가에 맴돌곤 한다.

결론적으로, 한 명의 고객으로서 이용한 우버는 정말 좋았다. 비록 불편한 부분들이 없지는 않지만, 우버는 불편을 최소화하기 위해 다양한 기능들을 제공하여 각종 상황에 대비하고 있었다. 평가시스템을 잘 활용하여 우버 라이드가 일반 택시 못지않은, 어쩌면 그를 뛰어넘는 서비스 정신을 갖추도록 하였다. 무엇보다 우버 라이드 자체가 하나의 문화가 되어 있었다. 낯선 이와 대화를 하는 것에 처음엔 거부감을 느끼기도 하였고, 프리랜서 운전자가 못 미덥기도 했다. 그러나 돌이켜보면, 한 명의 관광객의 입장에선 그 대화 자체가 또 다른 경험이었고 재미난 추억이었다. 다만, 우버를 직접 타보니 우버 서비스가 어떠한 지점에서 논란이 되었을지 짐작이 갔다. 미숙한 기사와 고객 간에 발생하는 문제, 포화된 기사 공급으로 인한 문제, 다른 모빌리티 서비스들과의 경쟁과 관련한 문제 등…. 이러한 이해관계자들 사이의 충돌에 의해 불거진 문제들을 우버가 해결하는 방법이 궁금해졌다. 그 물음에 대한 답을 찾기를 바라며 우리는 미국에서의 마지막 목적지였던 우버 본사를 향했다.

베일에 감춰진 본사, 드러난 우버의 상생 정신

기업의 방향성을 살펴보기 위해서는 기업의 가장 근본적인 목표부터 알아야 한다. 과거 우버는 창립자의 사적인 문제부터 제공하는 서비스의 문제까지, 논란이 없는 곳이 없던 산업의 말괄량이 같은 존재였다. 그래서 이미지 쇄신과 기업 변화를 위해 글로벌 온라인 여행사 익스피디아Expedia의 전 CEO 다라 코스로샤히Dara Khosrowshahi를 2017년 8월 영입하여 회사를 전면개편하려 했다. 코스로샤히가 들어온 이후, 우버는 바뀐 기업 미션을 통해 논란 많은 차량공유 글로벌 스타트업에서 벗어나 새로운 정체성을 가진 기업이 되고자 했다.

> We ignite opportunity by setting the world in motion.
> 세상을 움직여 더 많은 기회를 창출합니다.

이 문구는 본사에 갔을 때 만난 아담 블리닉Adam Blinick 팀장님이 거듭 강조했던 미션이다. 우버는 더 이상 스스로를 차량공유 서비스 제공자라 생각하지 않는다. 이제 우버는 이동이라는 가치를 전달하는 중개자이며, 효과적인 중개를 위해 데이터를 계량하고 수요와 공급을 조절하여 가격을 맞추는 정교한 로지스틱스7를 제공한다. A라는 지역에 라이드를 필요로 하는 고객이 많다면, 더 많은 기사들을 A로 배치시키고, A에서 출발하는 라이드에 많은 비용을 부과하는 DPM을 따른다. 우버는 이동을 통해 사람들이 물리적인 목적지에 다다를 수 있게 하고, 이를 바탕으로 궁극적으로는 사람들이 각자 목표하는 바에 도달할 수 있도록 도와주는 역할을 하고자 노력한다. 어엿하게 상장도 했으니 불안정한 스타트업에서 벗어나 글로벌 대기업의 자리도 노리고 있다.

보통 우버 라이드는 자동차에만 국한된 서비스라고 생각하겠지만, 우버의 비즈니스 포트폴리오는 다각도로 뻗어나가고 있다. 우버는 기업의 미션에 내재되어 있는 가치를 '이동'이라는 테마를 가진 사업 전반으로 확장하여 사람들의 생활수준을 높이려는 야심을 드러낸다. 우버는 현대사회가 직면하고 있는 여러 문제들을 이동과 연결을 통해 해결하고자 한다. 이는 우버의 세계 시민권 프로그램에서 뚜렷이 드러난다. 이 프로그램을 통해 우버는 세계 각국의 도시들과 협업하여 대중교통을 보완하고, 우버X 자동차들을 전기자동차로 바꾸어 대기오염을 줄이려 하고 있다. 또한 우버 라이드에 축적된 데이터를 도시계획자들에게 제공해 계획도시 설계에 활용하도록 하고 있다. 이전부터 이미 진행되어온 사업 다각

---

7 로지스틱스(logistics)란 기업 전체의 흐름(상거래, 물자, 정보, 전표)과 관계 부서의 활동을 고려한 물류업무의 계획·관리·제조·구매와 같은 활동을 말한다. 우버의 로지스틱스는 우버 기사 공급과 고객 수요를 맞추어 적정 가격을 실시간으로 맞춘다.

화도 같은 맥락에서 해석이 가능하다. 운송객의 물리적 이동에만 '이동' 개념이 한정되는 게 아니라, 음식 배달 서비스인 우버 이츠 Uber Eats, 친환경적인 자전거 공유·대여 서비스, 가장 빠르고 에너지 효율적인 루트로 움직일 자율주행 자동차 사업까지 모두 '효과적인 이동'이라는 가치로 묶일 수 있다. 이러한 우버 사업의 일환들은 PR Public Relations로 강조되고 있다. 가장 큰 PR 창구인 우버 홈페이지의 뉴스룸에 나온 우버의 역사를 살펴보면, 우버가 새로운 시장에 진출한 성과뿐만 아니라 CSR Corporate Social Responsibility (기업의 사회적 책임) 업적도 연도별로 정리되어 있는 것을 볼 수 있다. 헬스케어 전용 우버 라이드나, 결식아동 기부 캠페인에 우버의 전국적 네트워크를 활용하는 등의 활동이 인포그래픽으로 정리되어 있다.

이러한 미션과 비전 설정은 실리콘밸리의 독보적 악동이자 유망주로서 우버가 가진 이미지를 쇄신하려는 노력으로 보인다. 드라이버에 대한 논란, 안전에 대한 논란이 각별히 많기 때문에 사람들의 편의와 복지를 위해 전개한 CSR활동을 부각하며 추구하는 가치에 맞는 신사업을 통해 회사의 방향성을 모색하려고 한다.

우버 본사에서 우리와 미팅을 가졌던 공공정책 커뮤니케이션 디렉터인 아담 블리닉 팀장님도 우버를 "파괴적 기업 disruptive company"이라 표현하면서 우버가 산업 생태계를 흔들고 있다는 것을 인정하였다. 그러나 우버가 과거엔 전 세계시장을 장악하려는 욕심을 보였지만, 이제는 모빌리티 생태계를 장악하지 않고 상생하는 생태계를 만들어 나가고자 한다고 했다. 이전에는 공격적으로 회사의 정책을 이끌어가고자 했다면, 지금은 '모빌리티라는 스토리를 어떻게 풀어나가는지의 문제'라는 틀로 회사의 방향을 점검하고 장기 전략을 짜려고 하는 우버이다.

먼저, 우버는 가장 충돌이 컸던 기존 사업자들이자 경쟁자인 택시업계, 대중교통과는 상생하면서 대중들에게 편의성과 접근성으로 신뢰받는 기업이 되고자 한다. 블리닉 팀장님은 예시로 런던을 들었다. 2016년 런던에서는 '나이트 튜브Night Tube'라는 새로운 서비스가 출시되었는데, 악명 높은 영국 지하철 언더그라운드 튜브 Underground Tube의 심야서비스였다. 새벽 12시 반부터 5시 반까지 운행되는 이 서비스는 심야 이동수요 증가를 충족시키기 위해 나왔다. 놀랍게도 서비스가 출시된 직후 지하철역 근처의 우버 라이드가 이전보다 22% 증가하였다. 도시외곽까지 가장 편하게 가는 지하철을 탄 이후, 집까지 남은 거리는 우버를 타고 가는 손님이 많았다. 저렴하고 안전한 선택지이기 때문이다. 런던에서 우버의 시도는 여기에서 끝나지 않는다. 우버는 런던에서 전기자동차 인프라 구축을 처음 시도하였고, 우버를 이용하는 사람들이 라이드마다 10센트씩 기부하는 CSR 활동도 제안하였다(물론, 실현되지는 못하였다고 한다).

미국을 방문했던 2019년 8월부터 책이 출판되기까지 런던에서

런던 나이트 튜브 역 근처에서의 우버 이용
(Uber, 2016)

역 근처 우버 이용 변화

○ 20~40% 감소
⊖ 10~20% 감소
⊜ 0~10% 감소
⊘ 0~100% 증가
⦀ 100~300% 증가
⊗ 300% 이상 증가
── 센트럴 & 빅토리아 선
▨ 런던 1 구역

각 역을 표시한 점의 모양은 나이트 튜브(심야 노선) 시행 후 주말 새벽 1시에서 6시 사이 역 근처(200미터) 우버 이용의 변화를 나타낸다.

차량공유 서비스는 여전히 영업권과 근로법을 두고 갈등을 빚고 있다. 그러나 우버 관계자들은 논란이 된 시점부터 지금까지 포기하지 않고 런던 정부 관계자들과 협력하여 상생방안을 고민하고 있다.

또한 블리닉 팀장님은 우버가 친환경적인 이미지를 구축하기 위해 사용되지 않고 있는 유휴 차량을 적극 활용하는 모습과, 탄소배출 절감을 위해 전기자동차·전기자전거 등 대체품을 도입하는 모습을 강조하였다. 이와 함께 인도 델리의 대기오염 사례를 들어 배기가스로 인한 문제를 제기했고, 우버가 이를 어떻게 풀어가고자 하는지 설명해 주었다. 차량공유 서비스가 모태인 우버는 개인 소유의 차량이 뿜어내는 배기가스를 문제로 꼽으며 정부 관계자들과 협력하여 개인 차량 대신 대중교통, 우버 등의 '대안'을 선택하라는 캠페인을 수차례 진행했었다. 2018년 겨울에는 〈Lower the Window Drive〉 프로모션 캠페인, 2019년 겨울에는 〈#Leave-YourCarBehind〉 캠페인이 진행되었다. 특히 2018년 캠페인은 4주 동안 개인 차량을 사용하지 않을 시 우버 크레딧과 지하철 크레딧을 같이 부여한 것이 주목할 만한 점이다. 차량공유 서비스나 카풀을 이용한다면, 각자 개인 차량을 타고 다니는 것보다 배기가스를 확실히 덜 배출하게 된다. 공유 모빌리티가 환경문제 해결에 도움을 줄 수 있다는 가능성을 강조한 캠페인이었다.

블리닉 팀장님은 캘리포니아 새크라멘토Sacramento에서 우버의 전기자전거 사업인 점프Jump의 성공도 회사의 친환경 노선을 따라 간다고 자랑스럽게 말했다. 새크라멘토에서는 기존 차량공유 서비스인 우버보다 점프가 더 인기가 많다. 2018년 10월 우버에서 실시한 설문에 따르면, 새크라멘토에서 이동수단으로 점프가 53%에게 선호된 반면, 우버는 근소한 차이로 47%에게 선호되었다. 점프는 진입 다섯 달 만에 우버보다 많은 라이드 수를 기록했다. 차량 자체에 집착하기보다, 모빌리티가 지니고 있는 가치인 '연결'에 주목한 결과였다. 교통체증 감소에도 도움이 되었다. 팀장님의 설명에 따르면, 자전거 사업은 우버의 기존 차량공유 서비스에 비해 수익이 덜 나는 사업이다. 그러나 대중교통이 끊긴 늦은 밤 시간대나 교통체증이 극심한 시간대에 이동을 필요로 하는 사람들은 전기자전거를 선호한다고 한다. 이를 시각화한 위치데이터도 볼 수 있었다. 우버는 교통을 책임지며 산업 생태계와 상생하는 잠재적 키스톤keystone의 자리를 노리고 있었다.

돌이켜보면, 우버 본사의 분위기는 다른 스타트업의 자유로운 분위기와는 사뭇 달랐다. 출입이 생각보다 제한적이었으며 신원확인을 철저히 했다. 상장을 한 지 얼마 안 된 상황 때문이었을까, 스타트업에서 탈피하여 본격적인 글로벌 기업으로서 발돋움을 하고 싶어서였을까. 아니면 구글로부터 산업 기밀을 빼낸 전력이 있어 보복이 두려웠을까. 개인적으로는 우버가 다른 실리콘밸리 기업들보다 본사의 분위기나 체계가 더 잡혀있어 보이고 싶어 한다

우버 본사에서 아담 블리닉 팀장님과 함께.

는 인상을 받았다. 본사에 들어가기 전 경비원들을 통과해야 했
고, 우리가 만나기로 했던 블리닉 팀장님과 미팅을 위해 배정받은
룸을 제외하고는 다른 어느 것도 볼 수 없었다.

블리닉 팀장님에게 우버가 현재 직면한 리스크들에 대해 질문
도 하였다. 그러자 그분은 전혀 당황하지 않고 우버의 사업들과
연계하여 답변을 해주었다. 논란이 많은 기업이라 기업 브랜딩,
PR, 실제 사업까지 하나의 미션으로 연결되는 전략을 통해 문제
를 극복하려는 모습이 보였다. 하지만 그럼에도 불구하고 일반적
인 PR로 모든 문제가 해결되기에는 각 사업들이 넘어야 할 장벽들
이 많아 보였고, 우버가 그리는 계획도시와 이동을 통한 '연결'이

라는 가치가 당장은 와 닿지 않았다. 한국만 해도 공유차량 서비스에 대한 택시업계의 반발, 그리고 이를 지지해 주는 정부의 영향력이 강한 편인데, 우버의 장기 전략이 성공하기 위해서는 우선 눈앞에 있는 단기적인 규제와 논란에 잘 대처하는 모습을 보여야 한다고 생각한다.

위기의 우버, 새로운 모빌리티를 돌파구로

다행인 것은 우버가 이러한 상황들을 잘 인지하고 있다는 점, 그리고 변화의 기점을 2020년으로 삼았다는 것이다. 우버는 새로운 모빌리티 상용화라는 칼을 뽑아들어 당면한 위기를 극복해 나가고자 한다.

첫 번째 새로운 모빌리티는 자율주행이다. 산업 기밀을 빼돌렸다는 혐의로 구글의 자율주행 회사인 알파벳Alphabet과의 분쟁에서 지고, 테크 기업 중에서 구글, 테슬라Tesla에 비하면 후발주자라 불안하기는 하다. 하지만 우버는 효율적인 차량 이동경로를 원하는 고객 네트워크가 이미 잘 구축되어 있어 우버의 자율주행 공유차량 서비스에 대한 고객 접근성이 높을 것이다. 자율주행 공유차량 서비스는 우버의 이해관계자들 중 프리랜서 기사들이 일으키는 고질적인 문제를 타파할 수 있는 좋은 해결책이다. 글로벌 시장조사기관인 프로스트 앤 설리번Frost & Sullivan의 추산에 따르면, 우버 기사 고용비용은 현재 우버가 제공하고 있는 비자율주행 공유 서비스에서 마일mile당 총 비용의 80%를 차지하고 있다. 따라서 자율주행 공유차량 서비스를 제공하게 되는 순간, 방정식에서 우버 기사 고용비용을 제거함으로써 영업이익을 높이고 우버 기사와 겪는 마찰을 없애 시장경쟁력을 강화할 수 있을 것이다.

물론 자율주행 서비스의 효율성에 대한 현실적인 추정치는 정부의 규제와 기존 모빌리티업계의 반발이라는 장애물을 고려하면 여전히 부정적인 수준이다. 그럼에도 불구하고 자율주행 신기술에 대한 투자가치는 충분히 있다. 차세대 기술의 투자가치를 중점적으로 연구하는 투자회사 아크Ark Invest의 연구에 따르면, 자율주행에 대한 투자의 10년 순가치가 2019년 기준 1조 달러를 초과하였으며, 2024년에는 5조 달러, 2029년에는 9조 달러를 달성할 것이라고 한다. 그래서 우버는 우버ATG라는 자회사를 설립해 지속적으로 다단계 접근방식을 통해 연구를 진행하고 있다. 제한된 지리적 지식과 제한된 자율주행 기술의 현실적인 문제를 인정한 우버ATG는 기술적으로 실현 가능하고 안전하며 효율적인 기술을 개발하게 되었을 때 비로소 자율주행을 시장에 도입할 계획이다. [8]

---

[8] 이 내용은 2019년을 바탕으로 작성되었으며, 2020년 코로나19로 인해 우버의 상황이 급변하여 현재의 상황과는 차이가 있음을 유의해야 한다. 2021년 기준

우버는 기술 개발-시험-상용화를 거쳐, 자율주행 서비스를 이용하는 소비자들을 위해 저렴하고 안전한 자동화 옵션을 만드는 게 목표라고 한다. 저렴하다는 것은 자율주행의 마일당 비용을 지금의 우버X 주행의 마일당 비용보다 낮춘다는 것을 의미한다. 더불어 고객 대기시간을 줄이면서 럭셔리하게 주행할 수 있는 서비스를 우버는 제공하려 한다. 이를 위해 차량 제조회사인 볼보Volvo, 토요타Toyota 등과 협력하고 있다. 볼보는 XC90 모델의 기술을 활용한, 비상시 자동제동 시스템이 탑재된 자율주행 2단계의 신모델을 2020년 우버를 통해 선보인 바 있다.

더불어 우버는 안전성을 높이기 위해 피츠버그Pittsburgh에서 도로주행을 통해 자율주행차를 시험하고 있으며, 도로주행 전 여러 차례의 소프트웨어 시뮬레이션을 미리 수행한다. 이들은 소프트웨어(우버 기사)와 하드웨어(주행차량) 데이터를 기본으로, 3D 지도의 데이터베이스를 구축하여 자율주행 알고리즘에 적용하고자 한다. 또한 시험운행을 할 때에는 회사 내에서 자율주행 기술을 잘 이해하고 있는 인간 운전사와만 함께한다. 우버가 목표로 하고 있는 레벨 4 '주의해제' 자율주행에서 인간 운전사는 필요한 경우가 아니면 입력을 제공하지 않지만, 핸들 위로 손을 둥둥 띄운 채 앉아 있다. 이들은 사람이 필요한 자율주행을 목표로 잡고 있기

으로 우버는 자율주행 부문(우버ATG)과 우버 에어를 매각한 상태이다.

때문에 그 상황에 맞추어 시험주행을 한다고 한다.

우버의 자율주행 서비스가 상용화에 성공하면 어떻게 될까? 모빌리티 플랫폼 최초의 로보택시robotaxi 네트워크를 만들어 나갈 수 있을 것이다. 볼보는 우버에게 최대 2만 4천 대의 로보택시를 공급하는 계약을 2017년 발표하였다. 자율주행 서비스를 시작하면 우버는 가장 골머리를 앓던 기사 관리 문제를 해결하고 인건비를 대폭 줄일 수 있어 사활을 걸고 준비한다. 공급을 조절하는 것은 덤이다.

우버가 선택한 두 번째 모빌리티는 하늘을 나는 택시이다. 2016년 우버는 우버 엘리베이트Uber Elevate 프로젝트에 따라 추후 에어택시를 배치하겠다고 발표했으며, 구체화를 위해 박차를 가하고 있다. 2019년 현재 계획에 따르면, 우버 에어Uber Air가 멜버른 Melbourne, 댈러스Dallas, 로스앤젤레스에서 2020년부터 시험비행을 시작하며, 2023년에는 상업화될 예정이다. VTOLVertical Take-Off and Landing(수직 이착륙 비행체) 공유항공기가 배치된 스카이포트 Skyport(비행체 이착륙장) 사이를 연결해 주어 지상과 항공을 넘나드는 모빌리티 옵션을 제공하기 위해 연구 중이라고 한다. 스카이포트는 전례 없는 도심 속 에어택시들의 이착륙을 처리하기 위해 새로운 디자인으로 만들어지며, 우버 에어 운항에 핵심적인 역할을 할 것이라고 한다.

나아가 우버는 새롭게 제시한 모빌리티 솔루션들을 연결하는 통합적 교통 네트워크를 구축하고자 계획하고 있다. 2020 CES Consumer Electronics Show에서 우버는 한국의 현대자동차와 협력하여 만든 도심 항공 모빌리티UAM의 실물모형 'S-A1'과 도로주행용 '목적 기반 모빌리티PBV'를 공개했다.

수직 이착륙을 하며 하늘을 나는 택시 UAM은 5인용으로 제작되었으며 지상 300~600미터 고도에서 시속 290킬로미터로 비행할 수 있다고 한다. 우리가 흔히 아는 헬리콥터보다 가볍고 조용하며, 상용화 초기에는 조종사가 직접 조종하지만 결국 무인화를 최종목표로 삼고 있다고 한다. 즉, 저소음, 경제효율성, 좋은 접근성의 실현과 높은 안전성을 목표로 하여 신중한 접근을 하고 있는 것이다.

PBV는 최적의 경로를 찾기 위한 지상교통 시스템을 인공지능을 이용해 친환경적으로 구축하는 것을 목표로 한다. 전기자동차는 하체와 상체부분으로 분리할 수 있도록 설계되고, 차체 길이는 표준 4미터에서 최대 6미터까지 연장된다. 이러한 맞춤화는 도시 셔틀, 혹은 커피숍이나 병원에 갈 때 탈 수 있는 서비스를 제공하는 등 다양한 기능을 위해 활용될 수 있다. 또한 스카이포트와 택시 승강장이 합쳐진 '허브'를 통해 공중의 UAM과 지상의 PBV를 연결한 종합 스테이션을 마련할 계획이다. 1층에는 PBV용 도킹 스테이션이 있고, 맨 위는 에어택시인 UAM이 이착륙하는 장소로 활용될 예정이다.

우버와 현대자동차가 발표한 허브 모형 (우버코리아, 2020.1.6.).

    다소 늦은 감이 없지 않지만, 우버는 자신의 미션을 뒷받침하면서 비즈니스모델이 가진 리스크들을 견딜 수 있는 장기적이고 구체적인 전략을 들고 나왔다. 현재의 계획들을 실현시키는 향후 5년이 우버의 혁신과 실패를 가르는 시기일 것이라 생각한다.

우버 그리고 나

나는 스타트업에서 실리콘밸리의 괴물로 성장한 우버가 직면한 문제에 정말 공감한다. 이들이 직면한 여러 갈등과 논란들을 논리적으로 이해하는 것은 누구나 할 수 있다. 하지만 앞으로의 3~5

년이 기업 전체의 성공을 좌우하는 입장에 놓여있는 처지에서 문제를 바라보는 것은 개인적으로 마음에 와 닿는다. 상장 이후의 주가 폭락, 그리고 코로나19로 위축된 사람들의 이동으로 인해 미래가 점점 불투명해지는 우버에게 앞으로의 5년은 기업의 운명을 위해 사활을 걸어야 하는 시간이 될 것이다. 이와 비슷하게, 나에게도 앞으로의 5년은 내 커리어의 가장 밑바탕이 될 경험과 지식을 위해 모든 것을 던져보아야 하는 시간이다.

미국에 가기 전의 나는 변화의 기로 속에서 갈피를 잡지 못한 어중이떠중이었다. 고등학생 때부터 염원했던 댄스 동아리 활동에 싫증이 나기 시작했고, 벌여 놓은 일이 너무 많아 감당해 내기가 정말 힘들었다. 나의 주요 동력원이었던 '동아리 활동의 즐거움'이라는 믿음에 대한 의구심이 한 번 생기니 나머지 일들도 꼬인다는 느낌이 들었다. 대학에 입학한 후 열심히 살며 얻었던 좋은 결과들이 그 다음번에도 유지될 것이라는 기대감은 독이 되었다. 수치상으로는 바로 드러나지 않았지만, 삶의 미션이라고 생각했던 것들이 무너지고 나서 만들어진 결과물들은 스스로 정말 부끄러워지게 하는 것들이었다. 유명 대기업, 최고의 학점, 명문대 학벌 등 가시적으로 드러나는 타이틀에 대한 집착도 어마어마했다. 동시에 나 나름대로 그런 타이틀들의 기준에 부합한다고 믿으면서도 나보다 더 잘난 사람이 많다는 사실에 낙담하는 이상한 사람이었다. 돌이켜 보면 '가치'를 좇는 것이 아니라, 보이는 것에만

매달렸기에 무언가를 성취해도 마음이 항상 아팠던 것 같다.

　솔직히 말하자면 AJ 미디어 루키스 프로그램에 처음 지원할 때는 구글, 페이스북 등 '유명기업' 본사를 방문한다는 것에 대한 속물적인 마인드가 컸던 것 같다. 산업 현장에 있는 분에게 해당 기업에 어떻게 입사했냐고 물으면 《수능특강》마냥 턱 정답을 줄 줄 알았고, 나는 답지가 하라는 대로 열심히만 하면 될 거라 믿었다.

　그렇지만 생각의 환기는 전혀 다른 곳에서 일어났다. 이곳에서 만난 분들은 커리어 이전에 자기가 어떻게 살아가야 할지에 대한 확고한 철학이 있었고, 스스로를 잘 이해하고 브랜딩branding하고 있었다. 그들은 본인이 가장 중요하게 여기는 가치들을 정의하고, 남들에게 본인을 어떻게 전략적으로 팔 것인가에 대해 셀링 포인트selling point를 정하고 포지셔닝positioning을 했다. 이러한 것들을 목격한 후, 이때까지의 고민과 생각이 완벽히 환기되면서 나도 그러고 싶다는 생각을 하였다. 대학생활이 반 지난 지금, 진로 고민에 대한 본게임이 시작하기 직전에 나를 브랜딩하기 위한 전략을 기초부터 다시 수립할 기회가 주어져서 정말 감사하다. 내 강점과 약점을 미리 파악하고, 내 주변 환경에 내재되어 있는 '위기'와 '기회'를 캐치해 내어 나의 인생 로드맵을 위한 최선의 전략을 짜는 시도를 할 수 있게 되어 기쁘다. 무엇보다 내 인생의 미션 스테이트먼트mission statement가 생기고 그에 맞춰 나만의 전략을 짤 수 있게 되었다는 것이 제일 반갑다.

철부지 학부생이 우버를 보고 동병상련이라 하니 가소롭게 느껴질지 몰라도 나와 우버는 엇비슷한 처지라고 생각한다. 미션 스테이트먼트를 비롯한 기업 전체의 브랜드를 대폭 변화시킨 것, 인사를 전부 물갈이했던 것, 중국과 동남아 시장 장악을 포기하고 상생하는 방향으로 바꾼 것, 차량공유에 도시개발과 환경보호 그리고 매끄러운 이동이라는 가치를 부여한 것도 다 같은 맥락으로 이해할 수 있었다. 우버는 회사의 근본적인 성격부터 리모델링하여 체질 개선을 시도 중이고, 불완전한 공유경제 생태계의 지속가능성을 고민하고 새로운 비즈니스모델을 마련하기 위해 연구개발에 노력을 쏟고 있다. 여러모로 우려가 큰 상황이지만 수요에 적확한 마케팅과 이해관계자들과의 원만한 소통을 통해 기업과 공유경제 생태계의 미래에 대한 희망을 보여 주면 좋겠다.

더 생각해 보기

1 우버가 중점을 두고 있는 '라스트마일' 모빌리티의 정의는 무엇이고, 이를 통해 우버가 어떻게 성장할 수 있을까요?

2 공유경제의 미래는 어떨까요? 코로나19 이후, 우버 및 에어비앤비와 같은 공유경제 모델들은 어떻게 살아남을지 토론해 봅시다.

3 우버가 우리나라의 '타다' 서비스를 중심으로 한 IT 기반 신규산업의 시장 진입규제 논쟁에 시사하는 바는 무엇일까요?

참고문헌

김인경(2020. 1. 7.), "〔CES2020〕우버 손잡고 '하늘길' 뚫는 현대차".
우버코리아(2020. 1. 6.), "우버 현대차와 도심항공 모빌리티 파트너십 구축".
〈한국경제〉(2019. 6. 13.), "우버, 볼보차 XC90 기반 자율주행차 공개".

Business Insider(2019. 5. 19.), "The History of How Uber Went from the
    Most Feared Startup in the World to Its Massive IPO".
BW Business World(2018. 11. 19.), "Uber Aims to Reduce Pollution and
    Congestion in Delhi with Lower the Window Drive".
CNBC(2020. 1. 28.), "Uber's Self-driving Cars Are a Key to Its Path to
    Profitability".
CNN(2019. 5. 24.), "Banker Gives Inside Look at Why Uber and Lyft IPOs
    Failed to Live up to the Hype".
Huet, E. (2014), "Uber Skimps on Driver Training, Then Charges Drivers
    $65 for Basic Driver Skills Course", *Forbes*.
Jungleworks, "How Uber Works: Insights into the Business & Revenue
    Model".
Mission Statement Academy(2019), "Uber's Mission Statement".
The Verge(2020. 2. 19.), "Uber Introduces New Feature to Let Riders
    'Discreetly' Snitch on Their Drivers".
Uber(2016), "London's New Late Night Alternative: The Night Tube +
    Uber", Medium(2016. 8. 7.).
_____(2019), "#LeaveYourCarBehind and Opt for Cleaner Delhi Air".
U. S. Securities and Exchange Commission(2019), "Uber Technologies Inc.
    Form S-1 Registration Statement".

미래 자동차의 모습을 엿보다

포드 그린필드랩

박초원 미디어학부 2학년

자율주행 자동차 연구소를 방문한다고?

포드 그린필드랩Ford Greenfield Labs을 방문할 거라는 계획을 들은 후 나의 첫 반응이었다. 그리고 다시 생각했다. '그러면 자율주행 자동차와 미디어는 대체 무슨 상관이지?' 한마디로 나와 관련이 없을 거라고 생각했고 한 번도 깊게 생각해 본 적이 없는 분야였다. 하지만 다시 생각해 보니 완전히 그렇지는 않은 것 같았다. 대표적인 미디어기업 '구글'이 자율주행 자동차 연구를 진행 중이라는 것, 그리고 우리나라의 '카카오' 역시 카풀이나 카카오택시 등과 같은 '모빌리티mobility' 사업 분야를 넓히고 있다는 정보가 떠올랐다. 그리고 '왜 그동안 미디어기업들이 자율주행이나 모빌리티산업에 투자하고 뛰어드는지에 대해 생각하지 못했지?'라는 생각이

포드 그린필드랩에서 김유승 박사님(왼쪽 첫 번째)의 설명을 듣고 있는 미디어 루키스.

들었다. 이번 기회에 지금까지 경험해 본 적 없는 분야를 알아보고, 그 분야의 종사자를 만나 보는 것은 내게 큰 도움이 될 것이라는 생각이 들었다. 생경함과 호기심으로 방문한 포드 그린필드랩은 기대 이상의 신선함과 충격을 줬고, 결국 나의 보고서 주제로까지 선정되었다.

　AJ 미디어 루키스 프로그램을 통해 그동안 내가 생각지도 못했던 분야인 '자율주행 자동차'와 '모빌리티산업'에 대해 알게 되었을 뿐만 아니라, 이 지식과 경험을 나의 관심분야와 관련지어 더 깊이, 다양한 방향으로 확장시킬 수 있었다. 포드 그린필드랩에 방문하기 전의 나와 비슷한 생각을 가진 다른 사람들에게 나의 2019년 여름의 경험과 감정이 전해지길 바란다.

모빌리티산업이 대체 뭐야?

탐방이 결정되고 괜히 막막함을 느끼고 있던 중 교수님들은 '모빌리티산업'은 미디어 분야와 생각보다 많은 접점이 있는 분야이고, 특히 자율주행 자동차는 모빌리티산업 내에서 더욱 관심을 가질 만한 분야라고 말했다. 그 이유를 알기 위해서는 먼저 모빌리티 개념에 대해 알아볼 필요가 있었다. 카풀 서비스로 논란이 많았던 카카오 계열 회사의 이름도 '카카오모빌리티'이고 최근 큰 성공을 이룬 벤처기업들을 '종합 모빌리티 플랫폼'이라고 설명하는 경우가 많다(〈한국경제〉, 2019. 1. 16.). 그렇다면 모빌리티는 정확히 무엇을 말하는 걸까. 모빌리티는 '이동성'이라는 사전적 의미를 갖지만 산업 분야에서는 사람들의 이동을 편리하게 해주는 모든 서비스, 상품 등을 폭넓게 의미한다.

 사람들의 이동을 편리하게 해주는 것으로 많은 것을 떠올릴 수 있지만, 그동안 인간의 이동에 가장 큰 변화를 일으킨 것은 단연 '자동차'라고 할 수 있다. 자동차는 기술의 발전과 함께 그 형태와 역할이 변화되어 왔고 다양해졌다. 현대인에게 자동차는 이동 수단일 뿐만 아니라, 개인의 소유물이자 재산의 의미까지 갖게 됐다. 하지만 또다시 자동차는 변화하고 있고 이에 따라 모빌리티에 대한 개념도 변화하고 있다. 최근 공유되고 있는 모빌리티의 개념은 기존의 전통적 이동수단에 최신 기술력과 IT를 결합해 인간의 이동에 있어 효율성과 편의성을 극대화하는 것이라고 정리할 수 있다(〈한국경제〉, 2019. 1. 16.).

이는 더 이상 자동차가 제조산업의 범주에만 국한되지 않는다는 것을 뜻한다. 하나의 완성품으로서 자동차의 제작부터 판매까지 특정 거대 브랜드 안에서 이루어졌던 것이 자동차 산업에 대한 기존의 개념이었다면, 모빌리티산업은 제조산업뿐만 아니라 IT산업 내에서도 이뤄지고 있는 상황이다. 특히 최근에는 모빌리티의 혁신이라고 불릴 정도로 '공유' 중심의 모빌리티산업이 빠르게 발전했다. 카셰어링car-sharing과 카헤일링car-hailing이라고 불리는 서비스가 대표적이다.

카셰어링은 말 그대로 한 대의 자동차를 공유하는 것을 말한다. 렌터카 서비스와 비슷해 보일 수 있지만 카셰어링은 스마트폰 앱을 기반으로 시간, 분 단위로 서비스를 제공해 이용자의 편의성을 훨씬 높여준다는 점에서 차이가 난다. 예시로는 한국의 '쏘카SOCAR' 서비스가 있다. 카헤일링은 사용자와 운전자를 플랫폼 기업이 매칭해 주는 실시간 차량 호출 서비스를 말한다. 우버, 리프트, 디디추싱, 그랩 등이 대표적인 기업이자 현재 모빌리티산업 전체를 이끌어가고 있는 선두주자이기도 하다. 특히 '우버'는 스타트업으로 시작해 2019년 상반기 기준 시가총액 82조 원의 유니콘 기업으로 성장했다. 차를 소유하지 않는 기업이 기존의 차를 생산해 낸 기업보다 더 큰 기업 가치를 가지는 시대가 도래한 것이다.

이러한 상황에서 기존 자동차 제조업체들도 공유 모빌리티업계에 협력 및 투자를 하고 있으며 더 나아가 직접 서비스 제공에도 뛰어들고 있다. 현대자동차는 동남아시아 최대 카헤일링 기업인 그랩에 2018년 기준 2억 달러를 훌쩍 넘는 규모의 투자를 결정했다. 동남아 지역에 큰 시장을 가지고 있는 그랩에 현대자동차가 자사의 전기차를 제공하면, 동남아 국가의 친환경차 보급확대 정책 및 모빌리티 서비스 모두에 최적화된 전기차 모델 개발이 가능해질 것이다. 현대자동차는 이러한 의미에서 공유 모빌리티업계와의 협력관계를 통한 큰 잠재력과 가능성을 엿본 것이다(〈매일경제〉, 2018. 11. 7.). GM 또한 우버의 라이벌이라고 할 수 있는 리프트에 투자하기도 했다. 기존의 자동차업체와 스타트업이 함께 새로운 서비스를 운영하는 경우도 있다. 독일을 중심으로 운영하고 있는 벨코니BerlKonig의 경우 메르세데스 벤츠Mercedes-Benz와 미국 차량공유 서비스업체 비아Via의 합작회사가 운영하는 플랫폼이다(〈서울경제〉, 2019. 9. 16.). 모빌리티 변화의 최전방에서, 100년 이상의 전통을 가진 제조업체부터 IT 기반의 신생 스타트업까지 시장을 선점하기 위해 치열하게 경쟁하고 있다는 점이 이러한 산업 변화의 과정을 좀더 직접적으로 느낄 수 있게 해준다.

모빌리티산업에서 일어나고 있는 변화 중 하나가 IT 기술을 중심으로 사용자의 편의성과 효율성을 높여주는 공유 모빌리티 서비스였다면 또 다른 이슈는 '자율주행'이다. 자율주행 자동차는 정의에 따라 Autonomous Car, Driverless Car, Self-driving Car 등으로 표현될 수 있다. 쉽게 말하자면 자동차가 인간의 특정 행위로 움직이지 않고 스스로 주행하는 것이다. 자율주행은 더 이상 인간이 이동하기 위해 자동차를 직접 운행하는 행위를 하지 않아도 된다는 것을 의미하고 결국 인간이 그만큼의 시간과 에너지를 아낄 수 있게 해준다. 즉, 이 또한 인간 생활의 편의성과 효율성을 극대화시킬 수 있다는 점에서 그 가치가 상당하다. 그렇기에 자율주행에 대한 연구도 모빌리티 기업들의 생존과 지속 가능성을 높이기 위해 굉장히 중요한 과제라고 할 수 있으며, 다양한 사업자들이 자율주행 서비스 연구에 뛰어들고 있다. 구글과 같은 IT 기업, 여러 스타트업, 그리고 통신 기업들까지 투자와 연구를 진행 중이다. 격변하는 사회와 시장에서 미래의 지속가능성을 확보하기 위해 가장 노력해야 하는 전통적인 자동차 제조업체들 역시 자율주행서비스와 자동차를 연구·개발 중이다. 그 대표적인 기업 중 하나가 100년 넘는 전통의 자동차 제조업체 포드다. 포드가 자율주행 자동차 개발을 위해 설립한 연구소 그린필드랩에 우리 미디어 루키스가 가게 된 것이다.

지금 포드 그린필드랩에서는 무슨 일이?

포드 그린필드랩은 캘리포니아주 샌프란시스코의 팰로앨토Palo Alto에, 유수의 벤처기업의 모여 있는 실리콘밸리에 위치해 있다. 100년 이상 자동차를 만들고 판매해 온 포드에서 설립한 연구소다. 이곳에서 우리는 자율주행 분야를 연구하시는 김유승 박사님과 대화를 나누고 연구소 내부를 구경할 수 있었다. 김유승 박사님은 먼저 자신에 대한 소개를 했다. 박사님은 대학원 졸업 후 통신산업에 종사하다 자동차산업으로 분야를 전향했다. 새로운 분야에 대한 궁금증을 시작으로, 다시 공부를 하며 노력을 기울인 끝에 현재 포드의 연구소에서 근무하고 있다. 박사님은 연구소에 대한 설명도 함께해 주었다. 설립된 지 5년 정도 지난 포드 그린필드랩은 인간 중심의 설계를 기반으로, 미래의 모빌리티에 대한 거의 모든 것을 연구하고 그 방향성을 선도하는 것을 목표로 하고 있다. 주로 소프트웨어 중심의 연구가 이뤄지고 있는 이 연구소에서 가장 활발하게 연구가 이뤄지면서 팀의 규모가 큰 것이 바로 '자율주행' 분야라고 한다.

인상 깊었던 점은 연구소에서 공학자뿐만 아니라 다양한 전공과 분야의 사람들이 함께 연구를 하고 있었다는 것이었다. 사회과학자들과 IDEO라는 기업의 디자이너들도 함께 연구를 하고 있었다. 특히 사회과학 분야의 연구에서 수용자 중심의 연구가 활발하게 이뤄지고 있다고 한다. 이는 기존의 이용자들이 모빌리티의 혁신을 어떻게 받아들일 것인가에 대한 문제를 해결하기 위해 필요한 연구분야라는 말에 공감할 수 있었다. 단순히 생각하면 사람들은 기술의 발전과 혁신을 무조건 좋아하고 쉽게 받아들일 것 같지만 실제로는 그렇지 않다는 것이다. 아무리 훌륭한 기술이라도 사람들이 수용할 의지가 없거나, 수용할 가치가 없다고 느끼면 아무 소용이 없기 때문에 상당히 중요한 연구분야라 할 수 있다. 지금 이 순간에도 자동차에 적용되는 다양한 기술에 대해 사용자와 비사용자에 대한 수용자적 태도 연구가 활발히 이뤄지고 있다.

한 프로젝트를 중심으로 정말 다양한 전문가들이 모여 협업을 하는 모습을 보며 연구소의 조직 자체가 굉장히 유기적이라는 생각이 들었다. 이렇게 '인간'을 중심으로 기술, 인문학, 사회과학 등의 협업이 이뤄진다는 것이 포드 그린필드랩의 차별점이라는 김유승 박사님의 말에 큰 공감을 할 수 있었다. 자동차 연구소라고 했을 때 처음엔 당연히 엔지니어로 가득할 것이라고 생각했던 나였다. 하지만 연구소 내부의 다양한 구성원을 보며, 기술 발전은 결국 인간을 위한 것이기에 기술과 인간에 대한 연구가 함께 진행돼야 하고 이를 위해 다양한 분야의 연구자들이 필요하다는 것을 깨달을 수 있었다. 이를 바탕으로 인문학 계열 전공자도 기술 발전에 발맞춰 관련 분야에서 엔지니어와 협업할 수 있는 전문성을 기른다면, 출신 전공에 구애받지 않고 원하는 곳에서 일할 수 있을 것이라는 또 다른 가능성까지 생각해 볼 수 있었다.

한편 연구소의 위치는 연구소 외부와의 협업 또한 용이하게 해주는 요소였다. 실리콘밸리에 위치한 덕분에 빠르게 연구되고 개발되는 기술들에 잘 반응할 수 있고, 더 나아가 뛰어난 기술력을 지닌 기업과의 기술 제휴가 잘 이뤄질 수 있다. 이를 통해 다른 기업과의 연결 가능성을 확보하며, 필요한 분야의 인력 역시 빠르게 구할 수 있다고 박사님은 설명했다. 포드 그린필드랩이 유기적인 조직이라고 느낀 것에서 더 나아가 실리콘밸리라는 공간의 유기성에 대한 중요성과 의미를 알 수 있었다.

이런 환경과 시스템 덕분에 초기에 비해 연구소의 규모와 인력이 많이 늘었는데, 연구소에서는 연구에 필요한 최대한 많은 시스템과 인력을 구축하기 위해 계속해서 노력하고 있다고 김유승 박사님은 설명했다. 연구소의 규모와 연구분야에 대한 설명을 들으면서 이곳에서 미래 모빌리티에 대한 '모든 것'을 연구한다는 말이 실감났다.

자율주행 자동차를 바라보는 다양한 시선들

포드 그린필드랩 방문 전, 우리는 자율주행 자동차라는 주제에 대해 이야기를 나눴고 사전에 질문지를 구성해 갈 수 있었다. 우리가 가장 먼저 궁금했던 것은 포드가 자율주행 자동차를 어떻게 바라보고, 관련하여 어떤 연구를 하는지에 관한 것이었다. 이에 대한 본격적인 답변을 하기 전 김유승 박사님은 자율주행의 단계와 그 개념을 먼저 설명했다(〈표 3-1〉 참조).

박사님 설명에 따르면 현재 포드는 레벨 3에 초점을 맞추고 자율주행 연구를 진행 중이다. 그 이유는 현실적으로 레벨 4, 5가 이뤄지기에는 자동차의 소프트웨어뿐만 아니라, 자율주행으로 움직일 수 있는 인프라 구축, 데이터 수집, 수용자 인식 등과 관련한 복잡한 기술적, 사회적 문제가 아직 많이 남아 있기 때문이다. 자율주행의 안전성 문제와 프로그램의 인지능력에 대한 윤리적 논의 등 역시 해결해야 할 중요한 문제다. 실제로 우버나 테슬라의 자율주행 시범운행 과정에서 사고가 발생하는 등의 문제가 일어나기도 했다(〈뉴시스〉, 2020. 1. 29.). 현재 기업들이 예상하는 자율주행 자동차의 상용화 시기가 처음 자율주행 연구를 시작할 때 예측했던 시기와 비교해서 계속 늦춰지고 있다는 것이 이러한 현실적 어려움을 잘 보여 준다. 이를 고려하여 개인용 자동차에 대한 레벨 3 자율주행 상용화에 초점을 맞추고 있는 것이 포드 그린필드랩과 다른 회사의 차이점이라고 김유승 박사님은 말했다. 현재 우리가 이용하고 있는 자동차에는 레벨 2까지가 상용화된 상황이다. 포드 그린필드랩은 레벨 4 이후에 대해서는 당장의 완전한 상용화를 목적으로 연구를 하기보다, 장기적으로 바라보고 연

〈표 3-1〉 자동차 기술자 협회(SAE)의 자율주행 단계 구분

단계	설명 및 특징
레벨 0	현재 보편적으로 우리가 이용하고 있는 자동차. 운전자가 모든 조작을 담당하는 단계.
레벨 1	운전 중 한 가지 요소에 대한 도움을 받지만, 그래도 여전히 운전자의 조작이 중요한 단계. 차간 일정 거리를 유지해 주는 ACC(Adapted Cruise Control) 기능이 대표적.
레벨 2	두 가지 이상의 요소가 컴퓨터에 의해 조정되는 단계로, 페달과 핸들을 항시 조작하지 않아도 운전이 이뤄짐.
레벨 3	대부분의 운전이 컴퓨터와 인공지능에 의해 이뤄지지만, 위험 상황이나 중요한 결정을 해야 하는 상황에선 언제든지 인간이 운전할 수 있도록 하는 단계.
레벨 4	거의 완전한 자동화 단계로, 대도시 지역에서는 운전자 없이 주행할 수 있게 된다.
레벨 5	대도시뿐만 아니라 어떤 상황과 상태에서든 일절 인간의 개입 없이 운행되는 자율주행의 단계.

구하고 있는 중이라고 한다.

또 흥미로웠던 것은 모빌리티 개념에서 이동의 대상이 되는 것은 당연히 인간이라고 생각하기 쉽지만 다른 중요한 이동 대상이 바로 '화물'이라는 점이었다. 지금까지의 화물 운송은 인력을 이용한 교통수단을 통해 이루어졌는데, 자율주행 기술이 적용된다면 인간이 직접 화물을 옮기는 것보다 많은 시간과 에너지를 절약할 수 있게 된다. 그리고 자율주행 연구에 있어 화물 운송 분야가 실질적으로 많이 연구되고 있는데, 그 이유는 인간이 레벨 4 이상의 자율주행 자동차를 쉽게 만들어 낼 수 없는 이유와 맞닿아 있다. 바로 안전성 문제이다. 자율주행 이동의 대상으로서 화물은

포드 그린필드랩 내의 설치물.
연구소의 설립목적을 잘 보여 주고 있다.
"모빌리티를 인간답게"

인간에 비해 운전의 과정과 결과에서 안전성 문제에 대한 부담이 적기에 자율주행의 상용화가 상대적으로 쉽다. 그렇기 때문에 비즈니스모델 측면에서 개인용 자율주행 자동차보다 빨리 실현될 수 있는 모델이다.

실제로 많은 기업들이 자율주행 기술개발에 있어 화물 위주로 가고 있다고 한다. 세계 최대 온라인 쇼핑몰 아마존Amazon은 몇 년간 자체적으로 자율주행 및 자율배달 서비스를 개발하기도 했고, 2019년에는 자율주행 개발 스타트업인 오로라Aurora에 5억 달러가 넘는 자금을 투자하는 등 상품판매뿐 아니라 독자적 물류운송체계를 확충하기 위한 노력을 하고 있다(〈머니투데이〉, 2019. 2. 8.). 물건 배송 과정에 드는 인력과 자원을 자율주행기술을 통해 좀더 안전하고 효율적으로 운영할 수 있고, 이용자 입장에서는 배송비 절감의 효과도 얻을 수 있다고 한다. 또 미국의 배송업체 UPS 역시 구글의 모회사 알파벳의 자율주행 사업부인 웨이모Waymo와 손잡고 자율주행 차량을 이용한 소포 운송을 시험하고 있다. 아마존과 조금 다른 점이 있다면 자율주행 기술을 이용하여 고객들에게 소포를 배송하는 것이 아니라, 고객들이 배송을 의뢰한 소포를 물류시설로 모으는 데 자율주행 기술을 이용한다. 이 또한 불필요한 인력과 시간 낭비를 줄일 수 있다. 이렇게 자율주행은 유통, 운송업에 전에 없던 변화를 만들어 내며 점점 더 우리 인간의 삶에 영향을 미치기 시작했다.

궁극적으로 포드가 이러한 연구들을 통해 얻고자 하는 것은 무엇인가 하는 질문에 대한 답변이 인상적이었다. 자동차회사가 이런 연구소를 만들고 계속해서 투자해 나가는 최종 목적은 모빌리티 서비스의 방향성을 '실험'해 보는 거라고 김유승 박사님은 말했다. 포드는 당장 사람들의 삶에서 이용될 수 있는 자동차와 모빌리티를 연구하는 것보다, 조금 먼 미래일지라도 인간 중심의 모빌리티를 어떻게 구현할 수 있을지에 대한 다양한 시도에 의미를 두고 있다는 것이다. 앞서 말한 것처럼 이 연구소가 실리콘밸리에 위치한 것도 포드의 다양한 시도에 주변의 풍부한 인적자원과, 끊임없이 개발되고 있는 신생 스타트업의 기술 등을 용이하게 적용하기 위해서였다고 한다. 다른 자동차 기업들 역시 저마다의 방식으로 미래사회의 모빌리티를 그리고 있지만 어쨌든 자동차업계가 공통적으로 공감하는 큰 흐름은 자동차만 만들어 팔아서는 더 이상 기업의 미래가 보장되지 않는다는 것이다. 박사님은 '빠르게 실패해 보는 것fail fast'이 중요하다고 언급하면서 신제품 출시를 위한 당장의 연구 성과를 드러내는 것이 이 연구소의 목표가 아니라고 했다. 이 분야는 미래지향적인 부분이 많고 그 누구도 산업의 방향을 정확하게 말할 수 없기 때문에, 생각해 볼 수 있는 최대한의 아이디어들을 빨리 시도해 보고 연구 가치가 없거나 실현 가능성이 낮은 것들을 발견하는 것이 더 중요한 목표인 것이다.

박사님의 말을 듣기 전까지 나는 '연구'는 어떤 학문 분야에서 무엇을 증명하거나 새로운 것을 창조하고, 그 연구의 결과가 긍정적으로 사람들에게 작용할 수 있도록 하기 위한 것이라고 생각했다. 하지만 그와 반대로, 오히려 할 수 없는 부분을 발견해 내는 것 역시 중요한 의미를 가지며 그와 관련한 또 다른 연구과제를 남길 수 있다는 점에서 나는 새로운 영감을 받을 수 있었다. 실리콘밸리를 중심으로 일어나는 성공과 혁신들은 공통적으로 이러한 정신을 잘 보여 주고 있다고 생각한다.

계속해서 김유승 박사님으로부터 자동차업계의 이야기와 함께 자율주행에 대한 여러 문제의식, 그리고 현재 이뤄지고 있는 연구에 대해 들을 수 있었다. 앞서 말한 것처럼 개발하는 과정에서 가장 중요한 문제는 '안전성'에 대한 부분이고, 실제로 상용화까지 계획하고 있는 기업이라면 더욱 그렇다고 박사님은 말을 이어갔다. 무엇보다 직접 사용하는 이용자들이 민감하게 반응하는 부분이기도 하다. 이런 업계의 우려를 뒤집는 행동을 보여 주는 회사로 박사님은 '테슬라'를 언급했다.

안전성 문제로 인해 아무리 뛰어난 기술이라도 상용화가 되는 것은 별개의 문제이고, 게다가 자동차 제조업계 자체의 보수적 분위기 때문에 어느 한 기업만 먼저 신기술을 상용화하는 일은 최근까지도 어려웠다고 한다. 그런데 테슬라는 다른 기업과는 다르게 신기술을 개발한 후 제품에 적용해 바로 출시해 버리는 일이 많다. 이런 모습을 통해 소비자 사이에서 팬덤이 만들어졌고, 기존의 자동차업체들도 자극을 받으며 새로운 생태계가 형성되는 데 테슬라가 중심적 역할을 했다는 것이 박사님의 평가였다.

박사님의 얘기를 듣고 자율주행 모빌리티 분야를 선도하는 기업 테슬라에 대한 관심이 커져 조금 더 알아보았다. 테슬라는 수십 년에서 백 년 이상 된 자동차 기업들과 달리 2003년에 설립되었고 실리콘밸리에서 탄생했다. 실리콘밸리라는 환경을 자양분 삼아 테슬라는 자동차계의 '애플Apple'이라고 불릴 정도로 혁신적인 기업으로 성장했다. 뛰어난 기술력으로 완전한 전기자동차를 대중화했다는 것이 주요 성공요인이고, 자동차의 하드웨어뿐만 아니라 소프트웨어 개발을 전면에 내세우고 있다는 점이 주목할 만하다(〈KOTRA 해외시장뉴스〉, 2015. 9. 9.). 특히 자율주행 분야에서 소프트웨어 중심의 개발을 진행 중이다. '오토파일럿'이라는 프로그램을 통해, 현재 상용화된 자동차들 중 높은 단계의 자율주행을 구현하고 있다고 한다. 이에 힘입어 테슬라는 무인으로 차량을 공유할 수 있는 사업까지 계획하고 있다. 반면 테슬라 자동차의 잦은 사고 발생은 주의를 기울여야 할 부분이다. 빠른 기술 개발과 적용에서 비롯되는 단점도 분명히 있지만, 그럼에도 테슬라의 행보가 앞으로 자율주행 기술의 발전 방향에 대한 길잡이 역할을 해낼 것이라 생각한다.

자동차와 데이터가 만나다니!

완전한 자율주행이 이뤄지기 위해서는 어떤 것이 필요할까. 바로 인간의 개입 없이도 스스로 판단하고 결정할 수 있는 인공지능이다. 자율주행에 필요한 인공지능이 소프트웨어 측면에서 받쳐줘야 한다는 말이다. 그리고 인공지능 기술의 핵심은 바로 딥러닝 Deep Learning이고 딥러닝의 핵심은 결국 축적된 데이터라고 할 수 있다. 웨이모를 통해 자율주행에 엄청난 투자와 연구를 하고 있는 구글 역시 해당 연구를 진행하고 있다. 자체적으로 개발한 '구글 센서'를 중심으로 인지 중심의 연구가 진행 중이다. 실제로 실리콘밸리를 거닐다 보면 웨이모의 차량이 구글 센서를 장착하고 시험운행하고 있는 모습을 종종 목격할 수 있었다. 구글 센서는 총 8개의 센서를 가지고 있으며, 32개 또는 64개의 레이저를 이용해 거리를 측정하고 이 데이터를 다시 3D맵으로 옮긴다. 이런 작동 과정에서 알 수 있듯이 자율주행 서비스 제공시 지도 서비스가 필수적으로 연동되어야 하고, 이에 바탕이 되는 데이터베이스를 확보하는 것 또한 자율주행 연구에 있어 상당히 중요하다. GPS만으로는 높은 수준의 자율주행 단계에 이를 수 없는데, 풍부한 데이터베이스의 확보는 이러한 부분을 보완해 준다. 자율주행 연구에서 데이터를 확보하는 것이 굉장히 중요하다는 것을 알 수 있다.

데이터의 중요성은 자동차 소프트웨어뿐만 아니라 주변 환경 시스템 구축과도 연결이 되어 있다. 이런 부분과 관련해 도로 환경이나 도시의 교통 환경 등 자율주행을 위한 환경 시스템 구축에 대한 연구도 수반되어야 하는 것이 아닌지 김유승 박사님에게 질문했다. 박사님은 아직 자율주행의 레벨 4, 5가 실제로 어떻게 구현될지 모르기 때문에 쉽게 대답하기 힘든 것이 현실이지만, 그래도 여러 기업들이 주행 환경에 대한 연구를 진행 중이라고 했다. 자동차가 주행 중의 문제에 대해 인공지능을 통해 홀로 결정하는 것이 아니라, 환경과의 연결성을 통해 자율주행에서 일어날 수 있는 다양한 문제를 해결하게 하는 연구이다. 특정 지역의 도로 환경이나 국가 환경에 따라 연구 방식이 달라져야 하기에 결국 지역 특성화데이터를 확보하는 것이 가장 중요하다고 할 수 있다. 실제로 여러 기업들이 정해진 구역 안에서 많은 실험을 해보고 있다고 한다. 특정 구역 내에서 '스마트 시티'의 모습을 구현하고 그 공간 내에서 연구·개발 중인 자율주행차를 운행해 보는 형태로 연구가 이뤄지고 있다.

빅데이터의 경우, 자율주행 기술개발 과정에서도 굉장히 중요하지만 자동차를 통해 얻어지는 데이터가 다른 분야에 적용될 수 있는 폭이 굉장히 넓다는 점에서 빅데이터의 가치는 더 확장될 수 있다. '인텔Intel'에 따르면 하루 1시간 주행하는 차량의 평균 데이터 처리량이 4TB에 이른다. 제4차 산업혁명의 핵심기술들인 사물인터넷, 인공지능, 클라우드, 빅데이터 등과 같은 지능정보기술들은 융합과 연결이라는 키워드에 걸맞게 서로 연관성을 지니고 개발되고 있어 개별적으로 분리하여 생각하기 어렵다. 이러한 신기술 대부분이 자동차와 접목되고 있는 상황에서 핵심 기술인 빅데이터의 중요성은 점점 더 커지고 있다.

빅데이터 기술의 가능성은 인간의 두뇌로 한정하거나 예측하기 힘들 정도라고 한다. 그렇기에 가시적인 수익모델이 도출되지 않는 상황에서도 많은 기업들이 관련 데이터 확보를 위해 치열한 경쟁을 벌이는 것이다. 제품의 판매보다 제품을 기반으로 한 서비스 제공으로 창출되는 가치가 더 커지며, '누가 양질의 데이터를 얼마나 보유하느냐'에 의해 산업 주도권에 대한 경쟁우위가 판가름 나기 때문이다(윤경수, 2018). 하지만 당장 이러한 많은 양의 데이터를 수집하기에는 개인정보·사생활침해 문제 등으로 인해 정보를 얻기도 힘들고 활용하기에 어려움이 많다고 한다. 데이터의 수집과 그 활용방안에 대한 사회적 논의와 해결이 필요한 부분이다.

빅데이터의 활용 가능성은 통신산업의 발전에도 영향을 미친다. 데이터를 처리하고 이용하는 과정에서 자율주행에 필요한 빅데이터는 가공되지 않은 원자료의 형태로 요구되는데, 이러한 원자료 형태의 빅데이터는 기존 무선통신기술로 다루기에는 방대한 용량 때문에 전송속도에서 한계에 부딪히게 된다. 현재는 차량에서 데이터를 저장한 후 데이터 서버에 직접 저장하는 방식을 이용하지만, 차량의 원자료 빅데이터를 실시간으로 공유하기 위해서는 5G 기술의 발전이 더욱 필요하다고 할 수 있다. 5G의 발전이 중요한 이유가 단순히 일상생활의 스마트폰 기반에서의 편리성뿐만 아니라, 이렇듯 막대한 데이터를 더 빠르고 효율적으로 주고받는 것이 첨단산업에서 중요한 기술이기 때문이라는 것을 알게 되었다.

데이터의 중요성은 플랫폼 중심의 모빌리티 서비스 산업을 통해 또 한 번 체감할 수 있다. 특히 다른 영역의 사업자들이 자신들의 빅데이터를 활용해 모빌리티산업에 뛰어드는 경우가 많다는 점에서 그 중요성을 확인할 수 있다. 예시로 'SK텔레콤'과 '카카오'가 각자 확보할 수 있는 데이터를 활용해 차량호출 서비스와 지도 서비스로 시장에서 펼치고 있는 경쟁을 들 수 있다.

SK텔레콤은 기존의 통신사업자로서 가지고 있던 데이터를 기반으로 모빌리티 사업을 진행하고 있다. 수많은 통신사업 가입자들의 데이터를 기반으로 '티맵Tmap'이라는 지도 플랫폼을 운영하고 있고, 여기에 '티맵 택시' 서비스를 연계해 사용자와 기존의 택시 운전자를 매칭해 주는 서비스를 제공한다. 스마트폰 사용자 증가에 발맞춰 빅데이터를 분석·활용하여 실시간 제공하는 교통정보의 정확도를 높여 호응을 받았다. 하지만 '김기사' 앱을 인수한 카카오가 기존의 데이터와 인수한 데이터를 활용하여 카카오네비를 중심으로 카카오T 택시를 제공하면서 경쟁체제를 유지했다. 2019년 추석 연휴에는 SK텔레콤과 카카오모빌리티가 최적의 귀성·귀경 시간대 예측 결과를 두고 경쟁했다. SK텔레콤의 티맵은 네이트 드라이브 이후 17년간 축적된 내비게이션 운영 노하우에 기반한 빅데이터 분석 알고리즘 정확도가 높아 교통 예측 정확도 역시 높을 것이라고 자신했다. 카카오모빌리티는 카카오네비의 5년치 빅데이터 분석결과와, 명절 때는 서울-양양 고속도로 등 새로 개통된 도로의 이용자가 많다는 특수성을 내세워 상대적으로 신형인 카카오네비의 뛰어난 분석력을 예측했다(〈헤럴드경제〉, 2019. 9. 12.).

치열하게 경쟁을 하던 두 기업은 다시 협력관계를 맺기도 했다. 국내 모빌리티산업 분야가 우버, 타다 등 국내외 공유경제 기반 모빌리티 서비스의 등장으로 보다 다양화, 복잡화되자 SK텔레콤과 카카오가 3천억 원 규모의 지분 교환을 하며 전방위적 교류와 협력을 약속했다. 이러한 움직임에서 가장 유력하게 예측되는 것은 티맵과 카카오택시 서비스에서의 협력이다. 서비스 이용 면에서 용이한 카카오택시와 경로 안내에서 정확도의 만족도가 높은 티맵을 함께 이용하는 것이다. 뿐만 아니라 서로 경쟁관계에서 오던 불필요한 비용 지출을 줄일 수 있고, 향후 연구과정에서도 상호보완적인 방향으로 연구를 진행할 수 있다는 장점도 있다(〈머니투데이〉, 2019. 9. 13.). 이렇듯 국내뿐만 아니라 포드 그린필드 랩의 사례에서 볼 수 있듯이 모빌리티산업 내에서 정말 복잡하고 다양한 분야의 산업과 기업이 경쟁, 협력, 공생 관계를 거치며 발빠르게 움직이고 있다는 것을 알 수 있었다.

앞으로 우리가 만날
자동차와 미디어의 모습이 궁금해

좀더 나아가 포드 그린필드랩에서 미디어로서의 자동차의 미래에 대해서도 생각해 볼 수 있었다. 자동차가 미디어 생태계 안으로 들어올 수 있다는 것을 다소 충격적으로 느낄 수도 있을 것 같다. 나도 처음에는 어떻게 자동차가 우리가 흔히 생각하는 '미디어'의 개념에 포함될 수 있을 것인가에 대해 의문을 가졌다. 하지만 지금까지 자율주행과 모빌리티가 어떻게 변화해 왔고 앞으로는 어떻게 될 것인지를 알게 되면서 충분히 가능한 일이라고 생각하게 되었다. 이런 지점에 대해 김유승 박사님은 이미 20여 년 전부터 자동차를 컴퓨터로 생각하고 연구하는 흐름이 이어져 왔다고 설명해 주었다. '디바이스'로서 활용되는 자동차를 생각해 볼 수 있다는 말이다.

쉽게 생각해 보면, 자율주행이 어느 수준 이상 실현된다면 인간은 자동차라는 새롭게 확장된 공간에서 운전이 아닌 어떤 행위를 하게 될지 질문을 던질 수 있을 것이다. 가장 먼저 떠올릴 수 있는 것은 엔터테인먼트의 소비이다. 현재 승용차의 네비게이션용 화면으로 음악이나 드라마, 영화를 감상할 수는 있지만 운전과 동시에 할 수 있진 않다. 하지만 자율주행 또는 반자율주행이 가능해진다면 인간은 운전이라는 행위로부터 자유로워지고 탑승자로서 그만큼의 시간을 온전히 갖게 될 것이다. 그리고 자동차라는 공간은 온전히 콘텐츠를 즐길 수 있는 환경이 된다.

앞서 언급했던 테슬라는 이미 그러한 시대에 대비하듯 차량 내 다양한 엔터테인먼트 시스템을 활발하게 업데이트하고 있다. '테슬라 시어터'는 유튜브, 넷플릭스, 트위치 등 자동차 밖에서 소비하던 콘텐츠를 자동차 안에서 연속적으로 소비할 수 있도록 동영상 소비 플랫폼을 전폭적으로 제공하고 있다. 뿐만 아니라 자동차 자체의 휠과 페달을 이용해 즐길 수 있는 레이싱 게임도 제공하고 있다. 최근에는 디즈니의 OTT^{Over The Top} 서비스인 디즈니플러스도 곧 도입하겠다고 발표하는 등, 자동차 내에서 즐길 수 있는 다양한 콘텐츠를 제공하며 미디어로서 자동차의 방향성을 제시하고 있다. 아직은 여전히 정차 상태에서만 가능한 활동들이지만 테슬라는 완전한 자율주행 상황 또한 가정하고 이와 같은 업데이트를 추진하고 있다고 밝혔다(〈모터그래프〉, 2019. 12. 30.).

뿐만 아니라 완전자율주행 자동차를 모바일 디바이스를 통해 제어 가능하도록 만드는 연구방향도 있다. 앞서 설명했던 테슬라의 무인 택시 사업이 그 예시가 될 수 있다. 개인 소유의 자율주행 자동차가 운전 중인 상태가 아니라면 자동차가 필요한 다른 사람이 이 차를 무인으로 불러 이용할 수 있도록 하는 사업 모델이다. 차량을 공유하고 매칭해 주는, 확장된 모빌리티의 개념 안에서 새롭게 융합된 것들이 무궁무진하게 나올 수 있을 것이라고 기대할 수 있다. 하나의 디바이스가 오늘날 빅데이터의 원천으로 활용되는 것처럼, 많은 기업들이 이 데이터를 수집하고 활용하는 것처럼 환경과 기술이 받쳐준다면 자동차 역시 하나의 '디바이스'가 되어 미디어의 역할을 해낼 수 있을 것이라 예측할 수 있었다. 김유승 박사님은 마지막으로, 앞으로 자동차와 인간의 관계는 차를 소유하거나 아예 소유하지 않는 형태로 양극화될 것으로 예상된다며 미래 인간의 라이프스타일에 대한 연구도 여전히 흥미로운 부분이라고 말했다.

모빌리티에 대한 관심의 폭이 넓어지다

포드 그린필드랩 방문을 통해 이전에는 생각해 보지 못했던 '자동차와 자율주행' 분야에 대해 알 수 있었고, 더 나아가 나의 개인적인 관심으로도 확대할 수 있는 계기가 되었다. 특히 자동차산업이 미디어 분야와 전혀 관계가 없는 분야라고 막연히 생각해 왔는데 통신산업, 모바일 플랫폼 산업 등 기존의 미디어 사업자들도 활발하게 '모빌리티산업'에 뛰어드는 것을 보며 조금 더 넓은 관점에서 미디어산업을 바라보게 되었다는 것은 큰 소득이었다. 더불어 그동안 우리 삶에서 너무 당연한 의미로 받아들여졌던 '자동차'가 빠르게 발달하는 기술 발전의 중심에서 또 한 번 진화하고 있다는 것이 굉장히 흥미롭게 느껴졌다.

한 번의 체험을 통한 잠깐의 호기심이 아니라, 앞으로도 계속해서 이 분야에 관심을 가지며 작은 연구도 진행해 보고 싶다는 생각을 들게 할 정도로 AJ 미디어 루키스 프로그램은 내게 굉장히 소중하고 중요한 기회였다. 한국으로 돌아온 후 관련 분야의 기사를 계속 스크랩하며 해당 산업에 대한 정보에 계속 노출되려고 노력했다. 또 관련 학회나 세미나에 스스로 참여하기도 했다. 이러한 과정들과 김유승 박사님이 해준 이야기를 곱씹어 봤을 때, 결국 가장 중요한 것은 개인의 관심을 노력과 공부를 통해 지속적으로 발전시키는 것이란 걸 체감하게 되었다. 이를 통해 무기력하고 수

동적으로 끌려가는 게 아닌, 좀더 나의 주관과 생각을 가지고 능동적으로 학교생활을 이어 나갈 수 있게 되었다. 포드 그린필드랩에서의 시간은 단순히 새로운 분야에 대한 시야를 넓혀준 것뿐만이 아니라, 한국에 돌아온 후의 내 생각과 행동에도 많은 영향을 미쳤다.

마지막으로 2주 동안 AJ 미디어 루키스 프로그램에 참여하면서 느낀 점을 말해 보고 싶다. 프로그램 대상자로 선발되고 미국에 가기 전 나는 '가슴이 떨리도록 와 닿는 무언가를 단 하나라도 얻게 된다면 성공한 것이다'라고 생각했다. 하지만 나는 그 이상의 것들을 얻어서 돌아왔다. 우선 미디어산업의 변화와 흐름을 최전선에서 보고 느꼈던 것은 그 자체로 무엇과도 바꿀 수 없는 소중한 경험이 되었다. 그중에서도 가장 중요했던 건 많은 사람들을 만나고, 그들의 이야기를 들을 수 있었다는 것이다. 포드 그린필드랩에서 만난 김유승 박사님 외에도 '언제 이런 분들을 또 만날 수 있을까' 싶을 정도로 업계에서 활약하고 있는 많은 사람들을 만날 수 있었다. 한 분 한 분을 만날 때마다 완전히 새로운 세계에 눈뜨는 경험을 했다. 그들이 현재 위치에 오기까지의 이야기를 들을 수 있다는 것은 너무나 좋은 기회였다. 각각의 분야에 대한 전문성, 삶에 대한 열정, 태도 등 정말 많은 것을 보고 느낄 수 있었다.

특히 변화를 두려워하지 않고 자신이 하고 싶은 일을 계속해서 찾고 도전해 나가는 사람들의 모습을 보며, 나의 삶의 방향이나

김유승 박사님(뒷줄 왼쪽에서 세 번째)과 포드 그린필드랩 로비에서.

태도에 대해서도 많이 생각하고 정리해 볼 수 있었다. 그 과정에서 나도 모르는 사이에 내가 소극적이고 수동적으로 생각하고 행동했었다는 것을 깨달았다. 이런 태도에서 벗어나, 어떤 분야든 적극적으로 도전할 수 있는 마음가짐을 갖게 된 것은 나에게 정말 큰 수확이었다. 앞으로의 삶에서 내가 원하는 어떤 방향으로 나아가고자 할 때, AJ 미디어 루키스 프로그램을 통해 경험한 2주가 계속해서 원동력이 되어줄 것이라고 믿는다.

더 생각해 보기

1 국내 자동차 기업의 자율주행 연구는 어느 정도까지 이루어졌으며, 한계점은 무엇인가요?

2 훗날 모빌리티 발전의 마지막 단계에서 인간은 자동차를 소유할 것인지, 그렇지 않을 것인지 토론해 봅시다.

3 "미래 자동차가 곧 미디어이고 문화다"라는 주장에 대해 어떻게 생각하는지 토론해 봅시다.

참고문헌

〈뉴시스〉(2020. 1. 29.), "〔車블랙박스〕완전 자율주행은 먼 미래? … '향후 레벨 2~3이 주도'".

〈매일경제〉(2018. 11. 7.), "현대·기아차, 카헤일링업체 '그랩'에 2억 5,000만 달러 투자".

〈머니투데이〉(2019. 02. 08.), "아마존, 자율주행 스타트업 오로라에 투자 … '배송비 절감'".

_____ (2019. 9. 13.), "T맵단 카카오? SKT-카카오 '혈맹' 어떻게 변하나".

〈모터그래프〉(2019. 12. 30.), "테슬라, 유튜브·넷플릭스 이어 디즈니+까지 … 일론 머스크 '커밍순'".

삼성 SDI 공식블로그(2017. 4. 11.), "자동차 공유(카셰어링) 서비스의 성장".

〈서울경제〉(2019. 9. 16.), "모빌리티 천국 獨 … 갈라파고스 위기 韓".

〈연합뉴스〉(2020. 1. 31.), "UPS, 웨이모와 손잡고 자율주행차로 소포 운송 시험".

윤경수(2018), "자동차산업 변화의 중심, 빅데이터", 〈오토저널〉, 2018년 2월호.

〈한국경제〉(2018. 11. 5.), "완패 '티맵택시', 카카오T와 리턴매치".

_____ (2019. 1. 16.), "모빌리티가 도대체 뭐야?".

〈헤럴드경제〉(2019. 9. 12.), "빅데이터 격돌 … SKT '12일 4시 출발하세요' vs 카카오 '6시 이후가 최적'".

〈KOTRA 해외시장뉴스〉(2015. 9. 9.), "전기차시장의 작은 거인, 테슬라 모터스의 성공 요인".

2부

창의적
스토리텔링의
시대

꿈을 현실로 만들다
디즈니랜드

이해원 미디어학부 2학년

〈피터팬〉:
어린이와 어른이의 꿈, 디즈니랜드

디즈니랜드는 미국 어린이들이 가장 가고 싶어 하는 곳이다. 그래서 생일선물로 디즈니랜드 입장권을 받았을 때 뛸 듯이 기뻐하는 어린이들의 영상을 심심찮게 볼 수 있다. 이는 비단 어린이들에게만 적용되는 말은 아니다. 디즈니랜드에 간다는 소식을 들은 우리 미디어 루키스의 반응도 크게 다르지 않았으니 말이다. 디즈니랜드는 디즈니의 오래된 영화를 기억하며 새로운 영화를 사랑하는 '어른이'에게도 꿈과 환상의 공간이다. 걷지도 못하지만 미키마우스 머리띠를 한 아기부터 미키마우스 커플티를 입은 노부부까지, 모든 세대를 끌어당기는 디즈니의 힘은 콘텐츠에서 찾을 수 있었다.

어드벤처랜드 입구에서 미디어 루키스와 함께. 맥스패스(MaxPass)를 추가로 구매하면
사진사가 이렇게 사진을 찍어주고, 찍은 사진은 디즈니랜드 앱을 통해
다운로드할 수 있다.

디즈니랜드의 근간은 영화이다. 영화로 한 번 만든 콘텐츠를 재
활용하고, 또 재활용하는 것이다. 디즈니랜드는 그저 감상의 대
상이었던 영화의 장면을 현실세계에서 거리, 건물, 인물 등을 갖
춰 구현해 낸다. 라이트닝 맥퀸이 돌아다니는 〈카Cars〉 마을의 주
유소와 여관, 스타크 인더스트리라고 적힌 공사판 옆에서 댄스 배
틀을 벌이는 〈가디언즈 오브 갤럭시Guardians of the Galaxy〉 멤버들을
보면, 결국 디즈니랜드를 만들기 위해 영화를 만든 게 아닐까 하

는 생각이 들 정도이다. 게다가 놀이공원에 스토리가 끼얹어졌을 때의 파급력은 어마어마하다. 평범한 자이로드롭이 〈가디언즈 오브 갤럭시〉의 신나는 모험이 되고, 특별할 것 없는 롤러코스터를 통해 〈인크레더블Incredibles〉 가족의 짜릿한 초능력을 느낀다. 어느 VR체험장에서나 할 수 있는 우주 탐험 4D라이드도 〈스타워즈Star Wars〉의 밀레니엄 팔콘이라는 설정 아래에선 제다이가 된 듯한 느낌에 훨씬 흥미진진해진다.

수많은 디즈니 영화들이 디즈니랜드에서 새 생명을 얻는 것을 직접 목격하고 나니, 다음과 같은 질문에 대한 해답을 찾을 필요성을 느꼈다. 디즈니랜드 안에서는 콘텐츠가 어떤 방식으로 활용되고 있으며, 이를 통해 디즈니는 어떤 이익을 얻고 있는가? 다시 말해, 디즈니는 디즈니랜드를 어떻게 또 하나의 미디어로 활용하고 있는가?

〈판타지아〉: 디즈니랜드의 건국이념

행복의 땅에 오신 여러분 환영합니다. 디즈니랜드는 여러분의 나라입니다. 이곳에서 세월은 과거의 다정한 추억을 되살리고, 이곳에서 젊음은 미래의 도전과 가능성을 맛볼 수 있습니다. 이곳이 전 세계의 즐거움과 영감의 원천이 되기를 바라며, 디즈니랜드를 미국을 창조한 이상과 꿈, 그리고 엄연한 사실에 바칩니다.

월트 디즈니 (*Kabc*, 2020.7.17.)

1955년 7월 17일, 최초의 디즈니랜드(지금의 디즈니랜드 파크)가 개장할 때 월트 디즈니Walt Disney가 바친 헌정사이다. 디즈니랜드는 "행복의 땅"에 대한 월트 디즈니의 철학이 궁극적으로 실현된 곳이다. 디즈니는 디즈니랜드가 나이를 초월하고 현재를 살아가는 모든 사람이 과거와 내일을 느낄 수 있는 곳이기를 바랐다. 그리고 과거와 미래를 사람들에게 전달해 주는 매개체는 바로 디즈니 영화와 캐릭터였다. 그는 어떻게 영화와 테마파크를 연결할 생각을 했을까.

먼저 디즈니랜드가 어떻게 만들어졌는지 살펴볼 필요가 있다. 월트 디즈니는 늘 어린이와 어른 모두가 즐길 수 있는 놀이공원을 만들고 싶어 했다. 하지만 그가 놀이공원을 영화와 관련짓게 된 것은 더 이후였다. 영화사로서 디즈니가 유명해지자 영화가 어떻게 만들어지는지 보러 스튜디오를 방문하는 팬들이 늘었다. 일명 '성지순례'를 하러 오는 것이다. 그러나 막상 방문객이 와도 스튜디오에 이들이 볼만한 것들은 많지 않았다. 그래서 디즈니는 이들에게 볼 것을 마련해 주기 위해 미키마우스 공원을 구상했는데, 이것이 디즈니랜드의 시작이다. 디즈니랜드는 현실세계에서도 영화를 느끼고 싶어 하는 팬들의 욕구를 충족할 수 있도록 만들어졌기 때문에, 콘텐츠가 계속해서 만들어지면 테마파크 역시 계속해서 발전해 나갈 수 있다. 월트 디즈니의 이러한 비전은 1955년 디즈니랜드 개장 당시 기자회견에서도 잘 드러난다.

> 이 세상에 상상력이 남아있는 한, 디즈니랜드는 절대 완성되지 않습니다.
>
> 월트 디즈니 (Sklar, 2013)

기자의 질문은 디즈니랜드가 막상 개장하고 나니 부실한 점이 많아 언제 완성되냐는 것이었지만 월트 디즈니가 재치 있는 말솜씨로 넘어간 것이다. 하지만 그저 상황을 수습하기 위한 말뿐인 답변이 아니었다. 실제로 디즈니랜드는 개장 이후에도 계속해서 리노베이션renovation을 거듭했다. 새로운 영화가 나올 때마다 어트랙션도 추가했다. 개장 당시에는 21개에 불과했던 디즈니랜드 파크의 어트랙션이 지금은 91개에 달한다. 물론 현재도 계속 추가되고 있다. 우리가 갔을 당시에는 스타워즈 구역Star Wars: Galaxy's Edge이 막 개장했을 때였다. 개장을 기다리던 많은 〈스타워즈〉 팬들이 모여 디즈니랜드에서 가장 줄이 긴 어트랙션이기도 했다. 스타워즈 구역은 영화 〈스타워즈〉 시리즈를 만든 루카스필름이 2012년 디즈니로 인수되어 디즈니랜드에 만들어질 수 있었다.

이처럼 새로운 콘텐츠가 디즈니 라이브러리에 추가될수록 디즈니랜드 역시 계속 발전하고 인기도 유지된다. 여타의 놀이공원과 달리 디즈니랜드는 콘텐츠가 기반이 되어 스토리텔링이 이루어지기 때문이다. 건물과 거리는 마치 영화에 들어온 듯 느껴지도록 축조되었고, 놀이기구 또한 마치 영화 촬영할 때 카메라가 움직이듯 방문객의 시선을 이끌도록 디자인되었다. 가령, 〈인어공주〉, 〈몬스터 주식회사〉를 활용한 어트랙션을 타면 관람차의 움직임에 따라 시선을 돌리도록 되어 있어, 로봇으로 재연된 영화의 한 장면 한 장면을 따라갈 수 있다. 디즈니랜드의 디자이너 존 헨치 John Hench는 이를 두고 "디즈니랜드는 건축이 아니라 영화의 문법을 따랐다"고 말했다. 디즈니랜드는 디즈니 스튜디오의 콘텐츠가 집대성된 공간으로서, 콘텐츠를 감상에서 체험의 대상으로 변모시킨다. 디즈니랜드와 같은 영화 테마파크는 영화라는 미디어의 연장선에 있을 뿐만 아니라, 새롭고 다채로운 감각을 느끼게 한다는 점에서 그 자체로 하나의 미디어이다.

이러한 매력을 느끼기 위해 매년 엄청난 수의 관광객이 디즈니랜드를 방문한다. 2017년 인스타그램이 발표한 세계에서 가장 많이 태그된 관광지 1위, 5위, 6위, 9위에 디즈니랜드가 올랐고, 우버에 따르면 미국에서 가장 많은 사람이 방문한 관광지 3위에 디즈니랜드가 올랐다. 사람들은 미국에 간 김에 디즈니랜드를 가는 것이 아니라 디즈니랜드에 가기 위해 미국을 간다. 2018년 디즈니랜드가 남캘리포니아에 끼친 경제적 영향력은 약 85억 달러에 달

디즈니랜드 파크 입구. 정면에 디즈니랜드 파크의 트레이드마크인
〈잠자는 숲속의 공주〉성이 보인다. 미키마우스가 들어있는 풍선은
살 수도 있고, 다발로 들고 사진만 찍을 수도 있다.

하며, 이 지역에 7만 8천 개 이상의 일자리를 창출했다는 연구결과도 있다. 디즈니랜드는 올랜도, 애너하임, 도쿄, 홍콩, 파리, 상하이에 여섯 개의 리조트가 있으며, 모든 나라에서 관광효과와 고용효과를 불러일으키며 지역 경제의 상당부분을 차지한다.

〈토이스토리〉:
끝나지 않는 디즈니의 이야기

영화는 경험재로서 수명이 매우 짧은 상품이다. 보통 영화는 10주 이상 상영되지 않고, 특히 블록버스터는 개봉 첫째 주에 박스오피스 정점을 찍고 이후 일별 관람객 수가 급격히 감소한다. 그러나 영화는 프랜차이즈가 활발히 일어나므로 이를 통해 박스오피스 성적 이상을 기대할 수 있다. 테마파크 어트랙션 역시 영화 프랜차이즈이자 프로모션이다. 테마파크의 어트랙션은 영화의 스토리와 캐릭터를 활용하여 영화를 재현하거나 새로운 스토리를 만든다. 스튜디오는 테마파크를 활용함으로써 콘텐츠에서 새로운 가치를 창출하고 수명을 늘리며 IP Intellectual Property (지적재산) 를 적극적으로 활용할 수 있다. 또한, 영화 테마파크는 방문객에게 실제의 경험을 선사해 주는 방식으로 영화 또는 영화 스튜디오라는 브랜드에 대한 몰입도와 충성도를 높인다.

그렇다 보니 테마파크에서의 재활용은 영화의 흥행 정도와도 무관하지 않다. 큰 인기를 얻은 영화는 규모가 큰 어트랙션으로 만들어지고 어트랙션이 인기를 끌면 다른 어트랙션이 또 생기는 긍정적인 순환이 일어난다. 가령, 〈토이스토리Toy Story〉와 관련된 첫 번째 어트랙션은 버즈 라이트이어의 우주선Buzz Lightyear's Space Range Spin으로 1998년 투모로우랜드에 설치되었는데, 이후 영화의 속편이 계속 나오며 인기를 끌자 어트랙션도 꾸준히 새로 생겨났고, 지금은 '토이스토리 랜드'가 따로 만들어져 디즈니월드 토이 스토리 랜드에만 11개의 어트랙션이 있다.

그러나 박스오피스에서 흥행한 영화만이 놀이기구로 만들어지는 것은 아니다. 오히려 테마파크가 콘텐츠 활용의 수단으로 각광받는 것은 비인기 콘텐츠도 활용하여 새로운 감각을 제공할 수 있기 때문이다. 1946년 영화 〈남부의 노래〉는 현대에 와서 인종차별적인 영화라는 비판을 받아 DVD나 비디오를 출시하지 않았다. 그러나 디즈니랜드는 〈남부의 노래〉의 인종차별적인 요소를 배제한 후 '스플래시 마운틴Splash Mountain'이라는 급류타기 놀이기구를 만들었으며, 매장에도 관련 상품을 팔 수 있게 되었다. 영화에 나온 캐릭터는 이제 〈남부의 노래〉보다도 스플래시 마운틴 캐릭터로 더 잘 알려져 있다. 이는 완전히 사장 당할 콘텐츠를 재활용하여 새로운 가치를 창출한 예이다. 또한, 디즈니랜드는 방문객에게 관심 없던 영화도 다시 보게 하는 계기를 제공하기도 한다. 우리가 가장 고대하던 어트랙션 중에 하나는 카 랜드Cars Land의 '라디에이터 스프링스 레이서Radiator Springs Racers'였는데, 아이러니하게도 정작 〈카〉를 본 사람은 한 명에 불과했다. 하지만 놀이기구의 스릴과 멋들어진 협곡의 경관은 영화를 모르는 사람이라도 즐길 수 있었고, 영화에 대한 관심을 증폭시키기에 충분했다. 협곡에서 바라본 노을 지는 카 랜드는 모두에게 잊지 못할 풍광이었다.

반대로, 어트랙션이 영화로 만들어진 경우도 있다. 월트디즈니스튜디오The Walt Disney Studios의 프랜차이즈 영화인 〈캐리비안의 해적〉은 동명의 디즈니랜드 어트랙션을 바탕으로 하여 제작되었다. 어트랙션이 단순한 놀이기구에 그치지 않고 어느 정도의 내러티브narrative를 가지고 만들어졌기 때문에 가능한 일이었다. 놀이기구 자체는 오래되어 별로 재밌지는 않지만, 영화 〈캐리비안의 해적〉이 성공한 이후 놀이기구를 찾는 사람들도 많아졌다. 마찬가지로 '정글 크루즈Jungle Cruise'라는 놀이기구도 영화로 만들어져 2021년 개봉한다. 놀이기구를 바탕으로 영화를 만드는 예는 원소스 멀티유즈one source multiuse에 대한 월트디즈니컴퍼니의 강한 의지를 드러낸다.

디즈니랜드에서 IP를 활용하는 방법은 어트랙션에 그치지 않는다. 테마파크 안에서 소비활동 역시 활발하게 이루어지기 때문이다. 놀이공원의 향락적인 특성과 더불어, 영화 테마파크에서만 이루어질 수 있는 독특한 콘텐츠 활용은 방문객의 상품구매 욕구를 자극한다. 잠재적 소비자에게 테마파크는 거대한 진열장이나 다름없다. 디즈니랜드는 이러한 머천다이징 효과merchandising effect를 잘 활용하는 곳이다. 디즈니랜드에서는 놀이기구를 타고 난 뒤 거치는 출구가 항상 관련 상품을 판매하는 매장으로 곧장 연결되어 있다. 가령, 〈토이스토리〉 놀이기구를 타고 난 후엔 반드시 〈토이스토리〉 상품을 파는 매장을 지나가야 하고, 〈스타워즈〉 놀이기구를 타고 나오면 반드시 〈스타워즈〉 관련 상품 매장을 지나가야 한다. 이러한 전략은 머천다이징 효과를 극대화한 것이라고 볼 수 있다.

미디어 루키스 역시 방앗간을 그냥 지나치지 못하고 양손이 무겁도록 한가득 쇼핑했다. 심지어는 음식점에 쇼핑백을 두고 놀이기구를 타러 갔다가 되돌아온 사건도 있었다. 이를 방지하기 위한 사소한 쇼핑 팁을 주자면, 각각의 어트랙션 매장에서만 살 수 있는 독특한 상품들이 있다. 예를 들면 〈가디언즈 오브 갤럭시〉 어트랙션의 그루트 인형이나 〈스타워즈〉 어트랙션의 요다 가방이 대표적이다. 그런 상품들은 그때그때 구매해야 하지만, 일반적으로 볼 수 있는 인기 캐릭터 상품은 디즈니랜드 곳곳에 있는 큰 매장에서도 살 수 있으니 마지막에 퇴장하기 전에 사는 게 좋다. 참고로 미디어 루키스 사이에서 가장 인기 있었던 상품은 실제 크기의 〈토이스토리〉 우디 인형이었다.

디즈니랜드는 최근에 스마트폰 앱과 팔에 차는 전자 입장권을

디즈니랜드에서는 캐릭터를 활용한 아기자기한 음식도 많이 볼 수 있다.
맛은 뛰어나지 않다고 하나 눈은 즐거웠다.

이용하여 방문객의 데이터를 수집하기 시작했는데, 이것 역시 앞
으로 머천다이징에 활용될 수 있다. 사람들의 이동 패턴, 놀이기
구의 스케줄 등은 소비행위에 큰 영향을 미치기 때문이다. 이렇게
놀이공원 내에서 발생한 엄청난 머천다이스 수익은 디즈니랜드에
투자되고, 새로운 어트랙션이 추가되면 또다시 머천다이스 수익
이 증가한다. 따라서 머천다이스는 디즈니랜드의 주요 수익창출
원일 뿐만 아니라, 디즈니랜드의 매끄러운 순환구조에 없어서는
안 될 핵심요소이다.

〈캐리비안의 해적〉:
한국의 디즈니랜드를 향한 모험

한국의 테마파크 시장은 에버랜드와 롯데월드의 양강체제이다. 둘은 각각 1976년, 1989년에 개장하여 테마파크업계의 선두주자로 떠올랐다. 에버랜드는 우리나라 재계 1위인 삼성, 롯데월드는 5위인 롯데의 자산이다. 이는 테마파크 사업이 거대한 자금력을 바탕으로 한다는 사실을 방증한다. 하지만 테마파크 간의 경쟁은 이제 시작일 뿐이다. '롯데월드 어드벤처 부산'이 2021년 개장을 앞두고 있으며, CJ그룹이 투자하는 고양시 '라이브시티'는 2024년 개장할 계획이다. 라이브시티는 K-팝K-pop 아레나를 중심으로 콘텐츠 제작공간과 체험공간을 마련할 예정이다. 2019년 11월에는 신세계프로퍼티가 화성 '국제테마파크' 선포식을 열고 2031년 전면 개장 계획을 발표했다.

 그동안 여러 해외 테마파크의 한국 진출 시도가 있었지만, 잠잠하던 국내 기업의 테마파크 사업이 다시 활기를 띤 것은 반길 만하다. 그러나 이 테마파크들은 한국형 디즈니랜드와는 거리가 멀다. 콘텐츠 기업이 만든 콘텐츠 중심의 테마파크인 디즈니랜드와 달리, 이들 테마파크에는 콘텐츠가 거의 없기 때문이다. 계획단계인 테마파크까지 포함해서 국산 콘텐츠를 활용하는 테마파크는 CJ그룹의 라이브시티뿐이다. 라이브시티는 CJ그룹의 자원인 K-

팝, 영화, 드라마, 그리고 식품 브랜드까지 활용한다는 입장이다. 그러나 아직 아레나 조감도만 발표되었을 뿐, 체험공간은 조감도도 공개되지 않은 상황이라 이 공간이 과연 테마파크로 불릴 수 있을 정도의 규모일지는 알 수 없다. 디즈니랜드의 사례를 보면 테마파크는 콘텐츠에 기반해야 하며, 미디어·콘텐츠 기업이 테마파크에 투자해야 할 이유는 충분하다. 갈수록 치열해질 국내 테마파크의 경쟁 속에서 살아남고, 더 나아가 국제적인 경쟁력을 갖추어 해외 관광객을 유치하기 위해서는 콘텐츠의 힘이 절실하다. 그렇다면 어떻게 하면 콘텐츠를 활용한 한국형 디즈니랜드를 만들 수 있을까.

첫째, 단일 기업이 아니라 여러 미디어기업의 콘텐츠가 모인 형태로 만들어져야 한다. 한국에 있는 단일 미디어기업 중 월트디즈니컴퍼니만큼의 콘텐츠를 가지고 있는 기업은 없다. 한 회사의 콘텐츠만으로는 테마파크를 채울 수 없다는 것이다. 미국에서도 디즈니와 같이 한 기업의 콘텐츠로 대규모의 부지를 채울 수 있는 기업은 드물다. 따라서 여러 기업이 참여한 형태의 영화 테마파크가 생겨났다. '모션게이트 두바이Motiongate Dubai'는 컬럼비아픽처스, 드림웍스, 라이언스게이트와의 라이선스 계약을 통해 만들어졌으며, 스튜디오 별로 각각의 구역이 나뉘어 있다. '무비파크 저머니 Movie Park Germany'는 20세기폭스, MGM 등과의 라이선스 계약을 통해 관련 어트랙션을 구성했으며, 그중에서도 니켈로디언의 라이선스를 적극적으로 활용하여 닉랜드라는 별도의 구역을 만들었다. 유니버설 스튜디오에 있는 '위저딩 월드 오브 해리포터Wizarding World of Harry Potter' 역시 워너브라더스와의 라이선스 계약으로 탄생했다. 영화 스튜디오가 충분한 콘텐츠를 가지고 있으나 테마파크를 운영할 여유가 없을 때 주로 이 전략을 택할 수 있다. 경영부담 없이 라이선스 비용을 통해 이익을 얻을 수 있기 때문이다. 초기 단계에 테마파크에 진입하지 않았거나 진입에 실패한 스튜디오가 쓸 수 있는 전략이기도 하다.

하지만 라이선스 수익 외에는 테마파크에서 발생하는 수익을 가질 수 없다는 단점도 있다. 일례로 '유니버설 스튜디오 재팬Universal Studios Japan'은 유니버설 스튜디오라는 라이선스를 가져와 다른 회사들끼리의 조인트 벤처로 만들어진 테마파크였다. 즉, 유니버설 스튜디오는 지분을 가지고 있지 않았다. 하지만 2014년 위저딩 월드 오브 해리포터 증설 이후 테마파크의 수익성이 급격히 좋아지자 유니버설 스튜디오의 모회사인 컴캐스트가 2015년과 2017년 두 차례에 걸쳐 지분을 인수했다.

또는, 공동투자를 계획할 수도 있다. 공동투자가 전략으로 채택되는 이유는 테마파크 사업에 드는 초기자금이 워낙 막대하기 때문이다. 특히, 현재 미국의 테마파크 사업은 해외 진출 시 공동투자를 적극적으로 활용하고 있다. 해외사업은 현지에서 사업할 때보다 위험부담이 크지만, 공동투자를 통해 비용 면에서 위험을 분산할 수 있기 때문이다. 그리고 해외 현지기업과 공동출자하는 경우 현지 사정에 대한 이해력을 높일 수 있다는 장점도 있다. 그러나 공동투자는 당연히 테마파크에서 발생하는 수익을 온전히 가질 수 없으며, 여러 이해관계가 얽혀있어 기업의 비전을 자유롭게 실행하기 힘들고 그럴 의욕도 떨어진다는 단점이 있다. 예를 들어 '디즈니랜드 파리Disneyland Paris'는 디즈니와 다른 회사들과의 공동투자 방식으로 운영되었는데, 초기비용으로 인한 큰 빚과 방문객 감소로 인해 적자를 면치 못했다. 더불어 많은 지분을 소유하고 있던 회사들이 놀이공원 투자에 소극적이어서 1992년 개장 이후 놀이기구와 퍼레이드 등에 변화가 없다는 비판을 받았다. 결국 2017년에 월트디즈니컴퍼니가 쇄신을 위해 지분의 대부분을 매수하며 경영권을 잡았고, 덕분에 2018년, 약 10년 만에 흑자로 전환되었다. 월트디즈니컴퍼니는 대대적인 증설계획 또한 발표해 2021년 착공 예정이다. 이렇게 직접설립, 라이선싱, 공동투자가 각각의 장단점을 지니고 있으므로, 이를 고려하여 기업이 최대의 시너지를 낼 수 있는 테마파크 전략을 선택해야 한다.

둘째, 디즈니랜드와 같은 영화 테마파크를 만들기 위해서는 한국 영화의 장르적인 한계를 극복해야 한다. 디즈니랜드에 활용된 영화의 특징은 세대를 뛰어넘어 즐길 수 있다는 것이다. 영화 테마파크에 적합한 영화 장르로는 판타지, 어드벤처, SF, 액션, 애니메이션이 가장 대표적이며, 젊은 세대를 대상으로는 호러도 종종 찾아볼 수 있다. 그러나 한국 영화는 이러한 장르들에 취약해 양적으로도 질적으로도 불충분한 콘텐츠 라이브러리를 가지고 있다. 최근 들어 판타지영화 〈신과 함께〉, 좀비영화 〈부산행〉, 넷플릭스 호러드라마 〈킹덤Kingdom〉 등이 약진을 보인 것은 고무적이나, 지금 시점에서 이 정도 콘텐츠만으로 영화 테마파크를 만들기에는 무리가 있다. 따라서 앞으로는 원 소스 멀티유즈까지 고려된 다양한 장르의 영화 콘텐츠가 제작되어야 한다. 판타지·어드벤처 영화나 SF 영화는 제작비가 많이 들어 아직까지 한국에서 많이 제작되지 않지만, 테마파크에서 인기를 얻은 콘텐츠는 관련 상품이 많이 팔리고 속편이 제작되는 등 상당한 프랜차이즈 효과를 얻을 수 있기에 중장기적으로 봤을 때 그 가치가 상당할 것이다.

셋째, 디즈니랜드가 영화 테마파크라고 해서 꼭 콘텐츠 테마파크가 영화만을 소재로 할 필요는 없다. 세계적인 경쟁력을 갖춘 한국 콘텐츠는 영화가 아니다. 아직까진 음악, 게임, 방송 콘텐츠가 세계적으로 더 경쟁력 있는 한국의 콘텐츠이고, 최근에는 캐릭터산업 또한 발전하고 있다. 영화산업 하나에만 한정하면 대규모 테마파크를 채우기 힘들지만, 드라마와 예능 같은 방송산업, K-팝으로 대표되는 음악산업, 스토리와 캐릭터가 있어 테마파크에 적합한 게임산업, 카카오프렌즈나 핑크퐁과 같은 캐릭터산업까지 합치면 여러 개의 대규모 테마파크를 거뜬히 채울 수 있다.

한국 콘텐츠의 힘은 강력하다. 다만 아직 한 번 만들어진 콘텐츠를 다양한 채널에서 여러 번 활용하는 법, 즉 원 소스 멀티유즈에 관한 노하우가 부족할 뿐이다. 이를 위해 콘텐츠 기업도 좀더 적극적으로 테마파크 사업에 나서야 한다. 사업방식에는 직접투자 외에도 공동투자, 라이선스 계약 등이 있으므로 기업에 적합한 사업방식을 선택하는 것이 좋다. 이렇게 하면 조만간 한국에도 〈신과 함께〉 4D라이드, 〈기생충〉 방탈출 어트랙션, '펭수' 빙하 롤러코스터, '아기상어' 뮤지컬이 모두 모인 테마파크가 탄생할 수 있지 않을까.

행복의 땅 디즈니랜드에 오신 여러분 환영합니다!

이번 디즈니랜드 방문을 통해 가장 크게 느낀 것은 대체 불가능한 콘텐츠의 중요성이다. 테마파크가 전 세계 각지에 지어지며 주요 테마파크 간의 지리적 간격은 계속해서 줄어들고 있다. 특히 한때 블루오션으로 꼽히던 아시아에 계속해서 영화 테마파크들이 생기며 많은 아시아 관광객들이 분산되었고, 앞으로도 더욱 분산될 것이다. 그러나 독보적인 콘텐츠는 다른 어느 곳이 아닌 꼭 '이 테마파크'를 방문해야 할 근거가 된다. 그런 의미에서 디즈니랜드는 콘텐츠의 폭발적인 잠재력을 드러낸 좋은 본보기이다. 디즈니랜

어드벤처랜드에서 찍은 사진. 사진작가는 놀이기구에서 알리스(맨 오른쪽)
옆자리에 앉았던 아저씨이다. 알리스를 기다리던 우리를 보고, 부탁하지도 않았는데
사진을 찍어 주겠다고 했다. 디즈니랜드에서는 모든 사람이 친절하다.

드는 어떻게 보면 정말로 한 나라 같기도 하다. 디즈니랜드에는 역사와 미래가 있고, 디즈니랜드에 모인 사람들은 같은 경험과 감정을 공유한다. 디즈니의 콘텐츠가 마치 한 국가가 가질 법한 내러티브와 정체성을 디즈니랜드에 부여한 것이다.

내가 꼽는 디즈니랜드에서 가장 멋졌던 순간은 해 질 녘 어드벤처랜드와 디즈니랜드 파크 사이의 입구에서 우연히 목격한 한 커플의 프러포즈 장면이다. 그 순간을 축복하듯 가로등의 스피커에서는 경쾌한 음악이 흘러나오고, 주변의 모든 사람들이 마치 디즈니 영화의 조연처럼 박수와 환호로 주인공 커플에게 축하를 보냈다. 놀이기구 시간에 맞추기 위해 정신없이 뛰어가던 중이었지만 우리도 걸음을 멈추고 박수를 칠 수밖에 없었다. 그 자리에 있던 모든 사람들이 잊을 수 없는 경험과 감정을 공유하는 순간. 이런 순간이 바로 월트 디즈니가 원했던 지구에서 가장 행복한 곳의 모습 아니었을까. "지구에서 가장 행복한 곳"이라는 국가관 아래 만들어진 우리들의 작고 거대한 유토피아. 디즈니랜드는 행복의 장소에 오신 여러분을 언제나 환영한다.

더 생각해 보기

1 디즈니 콘텐츠의 상상력의 근원은 무엇일까요? 어떤 과정을 통해 창의적 상상력을 키울 수 있을까요?

2 디즈니랜드와 같은 오프라인 테마파크는 그 자체가 하나의 플랫폼으로서 미래 콘텐츠산업을 견인하는 데에 어떠한 역할을 하고 있나요?

3 우리나라에 성공적인 글로벌 테마파크를 만들 수 있을까요? CJ 라이브시티 프로젝트의 성공을 위해서는 어떠한 새로운 테크놀로지의 활용과 창의적 상상력이 필요할지 생각해 봅시다.

참고문헌

공정거래위원회 (2019), 〈2019년 공시대상기업집단 지정 결과 발표〉.
한국콘텐츠진흥원 (2019), 〈2018 콘텐츠산업 통계조사〉.
CJ (2019. 6. 18.), "글로벌 1위 기업과 손잡고 경기 고양에 2만석 규모의 최첨단 아레나 건설".

Aberdeen, J. A. (2000), *Hollywood Renegades: The Society of Independent Motion Picture Producers*, Los Angeles: Cobblestone Entertainment.
Ainslie, A., Drèze, X., & Zufryden, F. (2005), "Modeling Movie Life

Cycles and Market Share", *Marketing Science*, 24(3)：508～517.

Bukatman, S. (1991), "There's Always Tomorrowland: Disney and the Hypercinematic Experience", *October*, 57：55～78.

Comcast Corporation (2017. 2. 28.), "Comcast NBCUniversal To Acquire Remaining 49% Stake In Universal Studios Japan".

Cornelis, P. C. M. (2010), "Effects of Co-branding in the Theme Park Industry: A Preliminary Study", *International Journal of Contemporary Hospitality Management*, 22(6)：775～796.

CSUF News, "Titan Economists Quantify Disneyland's Impact on Southern California".

Davis, S. G. (1996), "The Theme Park: Global Industry and Cultural Form", *Media, Culture & Society*, 18(3)：399～422.

Freitag, F. (2017), "'Like Walking into a Movie': Intermedial Relations between Theme Parks and Movies", *The Journal of Popular Culture*, 50(4)：704～722.

Goldman Sachs, "Universal Studios Japan Sold to Comcast NBCUniversal.

Hine, T. (1986), *Populuxe*, New York: Knopf.

Instagram (2017. 11. 29.), "Instagram's 2017 Year in Review", Instagram Blog.

Kabc (2019. 7. 17.), "Happy Birthday, Disneyland! Iconic Park Opened 64 Years Ago on July 17, 1955".

Rajaram, K. & Ahmadi, R. (2003), "Flow Management To Optimize Retail Profit At Theme Parks", *INFORMS*, 51(2)：175～184.

Sklar, M. (2013), *Dream it! Do it!: My Half-century Creating Disney's Magic Kingdoms*, New York: Disney Editions.

Sperb, J. (2005), "'Take a Frown, Turn It Upside Down': Splash Mountain, Walt Disney World, and the Cultural De-rac[e]-ination of Disney's *Song of the South* (1946)", *Journal of Popular Culture*, 38(5)：924～938.

Themed Entertainment Association & Economics Practice at AECOM (2019), *TEA・AECOM 2018 Theme Index and Museum Index: The Global*

Attractions Attendance Report, 1~46.

The New York Times (1972. 10. 22.), "Mickey Mouse Teaches the Architects".

_____ (2016. 6. 14.), "How China Won the Keys to Disney's Magic Kingdom".

The Telegraph (2019. 3. 17.), "Disneyland Paris Returns to Profit for the First Time in More Than a Decade".

The Wall Street Journal (2006. 5. 23.), "Cedar Fair to Buy CBS's Parks Unit For $1. 24 Billion".

Uber (2019. 12. 4.), "A Look Back at 2019".

Waysdorf A. & Reijnders, S. (2016), "Immersion, Authenticity and the Theme Park as Social Space: Experiencing the Wizarding World of Harry Potter", *International Journal of Cultural Studies*, 21(2): 173~188.

Wright, D. W. M. (2018), "Terror Park: A Future Theme Park in 2100", *Futures*, 96: 1~22.

디즈니의 팬덤은 문화가 되었다

디즈니랜드와 D23

권준서 미디어학부 2학년

누구나 마음 한쪽에 디즈니가 있다

〈백설공주와 일곱 난쟁이〉, 〈피노키오〉, 〈곰돌이 푸〉, 〈토이스토리〉… . 태어나서 한 번도 디즈니의 영화와 콘텐츠를 접하지 못한 사람이 있을까? 비디오테이프로 영화를 보고 영화관에 처음 가기 시작한 순간부터 디즈니는 필자의 마음에 들어와 있었다. 7살의 나는 〈라이온 킹The Lion King〉의 '하쿠나 마타타'를 보며 행복을 추구하는 법을 배웠고, 고등학생의 나는 〈주토피아Zootopia〉를 보면서 다양성과 존중에 대해 배울 수 있었다. 이 이야기는 나만의 이야기가 아닌 디즈니 영화를 접한 모든 사람의 이야기다. 이렇게 한 명 한 명이 모여 디즈니의 팬이 되었고 D23이라는 하나의 팬덤을 구축했다.

디즈니는 많은 사람에게 영향을 주는 콘텐츠 리더로서 현재는 미디어기업 중 시가총액 1위를 차지하고 있다. 다양한 기업들을 인수하며 디즈니는 자신의 몸집을 키워 왔다. 그 결과 지난 2019년은 디즈니가 한국 영화관을 장악했다. 관객 수로 따졌을 때 2019년 2위가 〈어벤져스: 엔드게임Avengers: Endgame〉, 3위 〈겨울왕국 2〉, 4위 〈알라딘〉, 8위 〈스파이더맨: 파 프롬 홈Spider-Man: Far From Home〉, 9위 〈캡틴 마블Captain Marvel〉로, 디즈니 영화의 영향력이 엄청났다는 것을 알 수 있다. 또한, 2019년 11월 출시된 디즈니플러스는 전 세계의 모든 플랫폼을 장악하려고 한다.

과거부터 꾸준히 디즈니 콘텐츠들이 있었고, 이를 보고 자란 수많은 팬들이 있기 때문에 이러한 일이 가능한 것이다. 실제로 디즈니랜드 및 D23에서 직접 인터뷰해 본 결과, 10명 중 5명이 자신의 자녀에게 디즈니의 콘텐츠 문화를 보여 주고 더불어 자신의 어린 시절을 추억하기 위해 온 사람들이었다. 어린 시절 디즈니 콘텐츠를 소비하며 자란 세대가 부모가 되어 다시 자신의 아이들에게 그 문화를 전파하는 선순환을 통해 디즈니의 팬덤은 단단하게 구축되어 온 것이다.

디즈니는 어떻게
세계적인 기업이 될 수 있었는가?

세계적인 기업이 되기 위해서는 다양한 조건들이 필요하지만, 무엇보다 처음부터 현재까지 전해 내려온 창립자의 이념과, 상황에 따른 기업의 전략이 중요한 부분으로 작용한다.

월트디즈니컴퍼니The Walt Disney Company, 줄여서 디즈니는 이미 많은 사람이 알고 있듯 월트 디즈니에 의해 만들어졌다. 월트 디즈니는 창작자이자 기업가였다. 창작자는 무언가를 만들어 내는 사람으로, 월트 디즈니가 종사하던 영화, 캐릭터 산업에서는 영화와 캐릭터를 일차적으로 만들어 내는 사람을 말한다. 보통 한 기업에서 사람들은 창작자와 기업가로 나뉘어 활동한다. 이는 일의 효율성 측면에서 그러는 것도 있지만, 두 가지 일을 모두 잘하는 사람이 드물어서 이러한 현상이 나타나기도 한다. 그런데 월트 디즈니는 창작자와 기업가의 역할 둘 다 성공적으로 해냈기 때문에 현재 세계에서 손꼽히는 미디어 기업을 세울 수 있었고, 기업이 빠른 성장을 할 수 있도록 계속해서 혁신적인 콘텐츠들을 만들어 냈다.

디즈니를 대표하는 '미키마우스' 캐릭터부터, 모든 동물 애니메이션의 시초라고 할 수 있는 〈밤비〉, 동화를 기반으로 한 〈피터 팬〉, 〈백설공주와 일곱 난쟁이〉 등의 애니메이션이 큰 성공을 거두며 디즈니는 애니메이션 산업에서 자리를 굳힐 수 있었다. 이러한 결과물들은 창작자로서의 월트 디즈니의 면모가 돋보이는 사례들이다. 기업가이기도 했던 그는 자신이 가지고 있던 미적 능력과 창의적 발상으로 두 역할을 모두 해냈다.

월트 디즈니는 이런 말을 남겼다.

나는 꿈을 꾸고, 그 꿈이 내 신념에 맞는지 확인한다. 나는 위험을 감수하여 도전하고 그 꿈을 실현하기 위한 비전을 실행한다.

Capodagli & Jackson, 2019

이는 창업자 및 기업가가 가져야만 하는 자세를 보여 주는 대목이다. 기업가는 회사 내에서 방향성을 결정하고 이를 실천하는 사람이다. 따라서 "꿈을 꾸고, 비전을 실행한다"는 디즈니의 말은 그가 가진 기업가적 자질을 보여 주는 것이다. 위험성을 부담해야 한다는 말 또한 이와 같은 의미를 지닌다.

그리고 월트 디즈니에게는 10가지 경영 원칙이 있었다.

① 모든 사람의 꿈을 실현시켜라.
② 자신의 믿음대로 살아라.
③ 고객이 아니라 초대한 손님이다.
④ 하나를 위한 전부, 전부를 위한 하나.

⑤ 영광을 함께 나누는 파트너십.

⑥ 용기 있게 마지막까지.

⑦ 실천하고, 실천하고 또 실천하라.

⑧ 당신의 코끼리가 날도록 하라.

⑨ 스토리보드로 마술을 걸어라.

⑩ 가장 작은 것이 가장 중요하다. 기본을 중시하라.

Capodagli & Jackson, 2019

　　10가지 원칙에서 알 수 있듯 월트 디즈니가 강조하는 것은 창의력, 협동 그리고 실천이다. 세 가지 요소 모두 기업의 성공과 그 성공이 오랫동안 유지되는 데 있어 필수적인 것들이다. 이 요소들이 창업 때부터 지금까지 쭉 디즈니라는 기업에서 유지돼 왔는지는 모르지만, 이를 통해 기업경영에 있어서 월트 디즈니의 마음가짐이 어땠고 어떤 방식으로 디즈니가 한 발짝 나아갈지 알 수 있다.

　　한편, 영화산업에는 정말 다양한 사람들이 모인다. 사회적 변화에 빠르게 대처해야 하는 산업이고 이를 위해 구성원들이 서로 다른 관점에서 의견을 모아야 하기 때문에 사람들 각자의 개성이 뚜렷할 수밖에 없다. 이러한 관점에서, 더군다나 많은 기업을 인수하면서 성장한 디즈니는 분열되기 쉽고 갈등이 생기기에 충분한 환경을 갖고 있다. 이에 대해, 월트 디즈니가 남긴 "내 모든 것은 '꿈과 생쥐 한 마리'로 시작했다" 이 말을 기억할 필요가 있다

(〈서울경제〉, 2019. 8. 16.). 월트 디즈니의 이 말은 디즈니라는 기업 전체를 대상으로 하며, 모든 직원이 하나의 방향성을 가질 수 있도록 도와주는 역할을 해주었다. 또한, 직원들 외에 팬들에게도 이러한 메시지가 전달되었다. D23 엑스포에서 만난 한 할머니는 이런 말을 했다.

> 월트 디즈니는 꿈을 꾸고 이를 모두 현실로 만들어 낸 사람이에요. 디즈니(기업)가 조심해서 환경과 사람들을 돌보고 월트가 생각했던 것을 이어 나갔으면 좋겠어요.　　　　　80대 여성, D23 방문객

디즈니의 역사

디즈니의 콘텐츠 역사에서 첫 번째 전략은 〈알라딘〉, 〈백설공주와 일곱 난쟁이〉, 〈인어공주〉 등과 같은 고전 명작을 바탕으로 애니메이션을 만드는 것이었다. 이 영화들은 디즈니만의 방법으로 2D 애니메이션으로 만들어져 어린이들 사이에서 인기가 있었다. 시간이 지나 기술이 발전하면서 3D 애니메이션의 시대가 시작되었고 디즈니는 이 변화를 따라잡으려고 노력했지만, 2D 애니메이션에서 그랬던 것처럼 성공할 수 없었다.

　그래서 디즈니의 두 번째 전략이 시작되었다. 3D 애니메이션

제작에 있어 최고기술을 보유하고 있는 픽사Pixar를 인수하여 디즈니의 3D 애니메이션 기술을 자연스럽게 성장시켰다. 이 전략은 디즈니를 3D 애니메이션 시장에 성공적으로 상륙시키고 애니메이션산업에서 계속 힘을 갖게 했다. 픽사를 인수한 디즈니는 일반적인 인수합병처럼 픽사를 디즈니 안에 흡수시키는 것이 아니라, 픽사가 독자적으로 자신만의 영화를 만들게 했다. 이런 식으로, 픽사만의 감성을 좋아하던 팬들은 디즈니의 경영에 대해 큰 불만을 품지 않은 채로 남아있을 수 있었다.

디즈니의 세 번째 전략은 디즈니가 만든 2D 애니메이션을 실사화하는 것으로 이는 아직 진행 중인 프로젝트다. 디즈니의 오래된 애니메이션을 보고 자란 어른들과 새로운 세대인 아이들 모두가 즐길 수 있는 실사영화를 만들어, 어른과 아이 모두에게 매력적인 콘텐츠를 만드는 것이다. 하지만 실사화한 영화에 대해서 부정적인 여론도 있는데 이는 원작과 얼마나 비슷한지, 동물 캐릭터의 풍부한 표정처럼 애니메이션에서만 활용할 수 있는 요소들이 실사화된 영화에서 잘 표현되는지 등의 문제가 있기 때문이다.

부모와 자식 사이

디즈니는 2023년에 100주년을 맞이한다. 100년이면 3세대가 포함되어 있다. 따라서 앞서 말한 대로 부모가 아이들과 자신의 경

험을 공유하는 것이 가능해졌다. 이렇게 공유되는 것 중 하나가
바로 디즈니의 콘텐츠다. 디즈니에서 미키마우스를 보며 자란 세
대가 커서 자신의 아이들에게 〈백설공주와 일곱 난쟁이〉, 〈라이
온 킹〉을 보여 주고, 이를 보고 자란 두 번째 세대가 자신의 아이
들에게 〈주토피아〉와 〈인사이드아웃Inside Out〉을 보여 주면서 디
즈니 문화가 전파되는 것이다. 이런 식으로 강한 팬덤이 형성되
고, 디즈니는 꾸준히 양질의 콘텐츠들을 생산하면서 인기를 이어
나갈 수 있게 되었다.

디즈니에서 마블이 갖는 의미

마블의 흥행성적

디즈니에는 애니메이션 말고도 다양한 콘텐츠들이 있다. 그중 마
블Marvel은 이제 디즈니에서 빼놓을 수 없는 부분이 되었다. 극장
가에선 마블의 히어로 영화가 나왔다 하면 예매율 1위는 기본으로
차지하게 되었고, 전 세계 역대 박스오피스 순위를 봤을 때 2009
년부터 10년 동안 1위를 지켜오던 〈아바타Avatar〉가 2019년 마블
의 〈어벤져스: 엔드게임〉에게 선두를 내주고 말았다. 또한 10위
안에 〈어벤져스〉 시리즈가 3개나 포함되는 엄청난 모습을 보여

주었다. 우리나라의 경우에도 마블 영화가 계속 흥행을 거두고 있는데 누적 관객 수 기준으로 전체 5위가 〈어벤져스: 엔드게임〉, 외화만 기준으로 해서는 1, 5, 6, 10위가 마블의 영화들이다. 이를 통해 전 세계적으로 마블 영화가 성공을 거두고 있다는 것을 알수 있다. 실제로 디즈니는 2009년 마블을 40억 달러에 인수해 10년간 약 182억 달러를 벌었다(〈매일경제〉, 2019. 7. 22.).

마블의 역사

마블은 디즈니에 인수되기 전 한때 인기를 끌었지만, 점차 팬들을 잃어 저작권을 판매하며 연명하는 만화책 회사였다. 영화로 개봉한 〈아이언맨Iron Man〉의 큰 성공을 통해 디즈니는 마블의 가능성을 보았고 마블과 인수합병을 했다. 그 후 마블 영화에 초점을 맞춘 마블 스튜디오가 만들어졌고 22편의 마블 시네마틱 유니버스 영화를 만들면서 마블은 월트디즈니컴퍼니의 가장 큰 수입원 중 하나가 되었다.

마블은 엄청난 세계관을 구축하고 개성 넘치는 히어로들이 등장하며 세계를 다채롭게 꾸민다. 이러한 특징은 다양한 독자들을 끌어모았고, 현재 인기를 끌고 있는 유튜브의 특징처럼 어떠한 마이너한 취향을 갖고 있더라도 그 사람에게 맞는 히어로가 존재해 사람들이 마블 영화를 좋아하도록 만들었다. 그리고 각 캐릭터들의 인기가 많아지자 이들이 다 같이 나오는 〈어벤져스〉, 〈엑스맨 X-Men〉 시리즈 등의 히어로물은 자연스럽게 더 큰 흥미를 끌었다.

마블은 여기서 콘텐츠의 다양화를 멈추지 않고 '멀티버스multi-verse', 즉 평행우주라는 설정을 통해 콘텐츠의 폭을 또다시 확장했다. 평행우주는 쉽게 말해 무한하게 존재하는, 같지만 다른 세계들이라고 할 수 있다. 예를 들면 지구 1의 아이언맨은 남자고 햄버거를 제일 좋아한다고 가정했을 때, 지구 45의 아이언맨은 여자고 피자를 제일 좋아한다는 설정을 만들 수 있다. 이런 식으로 지구 30234의 아이언맨은 호랑이고 나뭇잎을 제일 좋아한다는 완전히 말도 안 되는 설정까지 납득 가능하게 만들 수 있다. 이렇게 더 다양한 경우의 수들을 만들어 내고, 팬들이 원했던 설정까지 스핀오프 등을 활용하여 계속해서 스토리를 만들어 낼 수 있게 된 것이다. 이런 마블의 모습은 현재 엄청난 흥행을 이끄는 마블 시네마틱 유니버스에서도 나타나고 있다. 2021년 개봉하는 〈닥터 스트레인지 인 더 멀티버스 오브 매드니스Doctor Strange in the Multiverse of Madness〉라는 영화의 제목에서 알 수 있듯이 영화에 평행우주 개념을 직접적으로 가져오기 시작했다.

디즈니 팬 중 상당수는 마블의 팬이다. 미국에서 10명의 사람들을 대상으로 인터뷰했을 때, "가장 좋아하는 디즈니 캐릭터가 무엇인가요?"라는 질문에 무려 6명이 마블의 히어로를 골랐다. 비록 인터뷰한 사람들의 수가 많지 않지만, 반이 넘는 사람들이 마블 캐릭터를 골랐다는 것은 디즈니 내 마블의 영향력을 볼 수 있는 부분이다. 또한, 이들이 부연해서 설명한 상세이유를 보면 마블 캐릭터 각각이 가지고 있는 개성이 얼마나 독특하고 다양한지 알 수 있다.

저는 마블 캐릭터 중에서 '호크아이'를 좋아해요. 초능력이 없는데도 활로만 히어로 활동하는 모습이 멋있어요.　30대 여성, D23 방문객

'캡틴 아메리카'의 신념과 자신의 생각에 대해 끝까지 밀고 나가는 성격이 좋아요. 저도 캡틴 아메리카 같은 사람이 되고 싶어요.

60대 여성, D23 방문객

딸도 그렇고 저도 그렇고 토르를 제일 좋아해요. 가장 힘이 세고 모든 일에 열정이 넘치는 모습이 멋있어요.　40대 남성, D23 방문객

초능력이 없음에도 자신의 능력으로 어벤져스 소속 히어로로 활약하는 호크아이에게 매력을 느끼는 사람도 있고 자기 생각을 소신 있게 밀고 나가는 캡틴 아메리카를 좋아하는 사람이 있는 것처럼, 세상엔 다양한 사람들이 존재하고 이러한 사람들의 취향에 맞출 수 있는 캐릭터들을 마블이 만들어 낸 것이다. 또한, 어떤 팬들은 자신이 기존에 가지고 있던 히어로의 이미지를 얼마나 마

블이 잘 표현했는지를 신경 쓴다.

> 마블 안에서는 톰 홀랜드가 맡은 '스파이더맨'을 좋아해요. 왜냐하면 만화에서의 스파이더맨을 좋아하는데, 여태까지 있었던 〈스파이더맨〉 영화 중에서 이번 〈스파이더맨: 홈커밍Spider-Man: Homecoming〉이 가장 이를 잘 표현한 것 같아요.   **20대 여성, D23 방문객**

마블 코믹스 만화책의 스파이더맨은 히어로 중에서도 자신의 지역을 사랑하고, 이웃을 챙기는 고등학생 히어로의 모습이 강하다. 하지만 이전까진 〈스파이더맨〉의 저작권이 마블에 없고 소니Sony에 있는 상황이었기 때문에, 마블이 소니와 협상을 해서 처음으로 마블의 〈스파이더맨〉을 만들 때 이미 두 시리즈의 〈스파이더맨〉 영화들이 나온 후였다. 그래서 다른 캐릭터의 작품보다, 얼마나 스파이더맨을 잘 표현했는지 시리즈 별로 비교하기가 수월했다. 토비 맥과이어가 주연을 맡은 첫 번째 〈스파이더맨〉 시리즈가 마블 코믹스의 스파이더맨을 잘 표현했다는 평가가 있었기 때문에 새로운 〈스파이더맨〉 영화를 제작한다고 했을 때 우려하는 목소리도 컸다. 하지만 팬의 인터뷰에서 알 수 있듯이, 마블 시네마틱 유니버스의 스파이더맨이 원작의 캐릭터를 잘 나타내어 예상보다 더 좋은 평가를 받게 되었다.

마블은 오랫동안 브랜드 충성심이 매우 높은 수많은 팬들을 가진 회사였기 때문에, 디즈니와는 또 다른 문화를 가진 것으로 간주될 수도 있었다. 또한 앞서 〈스파이더맨〉의 경우처럼, 마블에 돌아오지 않은 많은 저작권들이 있었기에 인수합병 후 당분간은 기존의 마블 팬들을 디즈니 팬이라고 볼 수는 없었다. 하지만 디즈니의 21세기폭스21st Century Fox Inc. 와의 인수합병 (2019년) 으로 마블은 '판타스틱 4', '데드풀', '엑스맨' 등의 캐릭터들을 다시 갖게 되었다. 마블의 직접제작이 아니었던 마블 코믹스 원작 작품 중에 성공한 작품이 적었기 때문에, 이번 인수합병 후 마블이 만들 영화와 콘텐츠들이 어떤 식으로 나올지 많은 사람들이 기대하고 있다. 더불어 마블 시네마틱 유니버스에서 이제 평행세계가 본격적으로 다뤄짐에 따라 저작권을 되찾은 캐릭터들의 등장이 점차 빨라질 것으로 예상된다.

디즈니의 뿌리, 디즈니랜드

월트디즈니컴퍼니의 설립자인 월트 디즈니는 하나의 특정한 사업 모델을 만들었다. 디즈니가 하나의 콘텐츠를 만들면 그것은 잡지, TV 광고, 만화, 영화 등과 같은 모든 가능한 매체에 의해 수신자에게 노출된다. 이를 통해 사람들은 이 콘텐츠에 애착을 갖게 되고 공책, 인형, 피규어 등과 같은 디즈니 콘텐츠로 만들어진 상품들을 사려고 할 것이다. 디즈니의 궁극적인 사업 목표는 이 팬들이 디즈니의 콘텐츠가 모여 있는 디즈니랜드에 와서 돈을 쓰도록 하는 것이다. 디즈니 수익모델의 종착지인 디즈니랜드는 캘리포니아에서 시작해서 현재는 올랜도, 도쿄, 파리, 홍콩, 상하이에도 있다. 디즈니랜드는 계속해서 자신들이 새로 만든 콘텐츠들을 놀이기구로 만들어 점차 그 범위를 넓히고 있다.

디즈니랜드 홈페이지에 들어가면 이런 문구가 있다. "Watch Dreams Come True at the Happiest Place on Earth ⋯." 자신의 꿈이 현실이 되는 걸 볼 수 있는, 지구에서 가장 행복한 곳. 많은 사람들의 어린 시절에 스며들어 있는 디즈니 콘텐츠들이 한곳에 모여 있는 모습을 보면 한 번이라도 디즈니 영화를 접해 본 사람은 가슴이 뭉클해질 수밖에 없을 것이다.

AJ 미디어 루키스 프로그램에 디즈니랜드 역시 포함되어 있었고, 디즈니랜드를 방문한 날은 하루 종일 디즈니랜드에 있었다. 그날 필자가 디즈니랜드에서 감명 받았던 부분들은 다음과 같다.

첫째로, 디즈니가 "Dreams Come True"라는 말을 할 정도로 콘텐츠를 얼마나 현실적으로 구현해 냈는지에 놀랐다. 디즈니랜드에 들어가면 놀이공원을 돌아다니는 캐릭터들에게 사인을 받을 수 있는 책을 살 수 있다. 그 책에 모든 사인을 채우기 위해서는 우리도 놀이공원을 돌아다니며 캐릭터들과 마주쳐야 했다. 캐릭터 인형 탈을 쓰고 분장을 한 사람들은 겉모습으로도 완벽하게 캐

디즈니랜드의 디테일을 보여 준 〈가디언스 오브 갤럭시〉 캐릭터들.

릭터를 재현해 냈는데, 실제 사고방식과 행동 또한 영화 속 캐릭터와 비슷하다는 것을 느낄 수 있었다. 예를 들어 어벤져스의 일원인 〈가디언스 오브 갤럭시〉의 주인공 스타로드와 가모라로 분장한 사람들은 영화에서 이 캐릭터들이 보여 주는 억양과 행동들을 그대로 보여 준다. 영화에서 이들은 댄스배틀을 하기도 하고, 스타로드는 항상 개그를 하는데 현실에서 이러한 디테일들이 잘 묻어나와 사람들이 봤을 때 정말 영화 안에 들어온 느낌을 주는 것이다. 이런 식으로 50개가 넘는 캐릭터들이 디즈니랜드 곳곳에 있어서 디즈니랜드를 걸어 다니다 보면 내가 디즈니 영화의 한 장면 안에 들어와 있는 느낌을 것 같은 받는다.

　모두가 디즈니랜드에서 반드시 봐야 한다고 하는 불꽃놀이와 분수쇼는 'Dreams Come True'의 하이라이트다. 영화에서 들던 디즈니 노래들과 함께 터지는 불꽃놀이, 그리고 디즈니 역사에서 중요한 장면들을 다양한 색깔의 분수로 보여 주는 것까지, 조금이라도 디즈니에 대한 애정이 있는 사람이라면 눈물을 참기 어려운 순간일 것이다.

두 번째로 인상 깊었던 것은 놀이기구 운영의 효율성이었다. 디즈니랜드에는 우리나라 놀이공원보다 훨씬 많은 수의 이용객이 있지만 이들이 놀이기구를 타기 위해 기다리는 시간은 예상보다 짧았다. 디즈니랜드는 어떻게 해야 최대한 많은 사람이 주어진 시간 안에 놀이기구를 탈 수 있는지 알고 있다. 놀이기구의 대기 줄을 두 개로 나누어 사람들의 준비 시간을 단축하는 등의 방식들이 눈에 띄었으며, 디즈니가 효율적인 놀이기구 운영을 위해 노력해 왔다는 것을 알 수 있었다.

세 번째로는 디즈니랜드 곳곳의 작은 이벤트들을 말하고 싶다. 디즈니랜드에서 즐길 수 있는 것은 단순히 놀이기구만이 아니다. 사소하지만 사람들의 흥미를 끌 수 있는 요소들이 어디에나 존재한다. 예를 들면 사람들이 디즈니 스토어에서 물건을 구매하고 남은 동전들로 만들 수 있는, 구역별로 서로 다른 디즈니 동전들과 이를 모아서 보관할 수 있는 앨범, 길거리에서 하는 〈라이온 킹〉 뮤지컬, 다양한 배지badge를 모으면서 원하는 다른 배지가 있으면 교환이 가능한 시스템 등 사람들이 재미를 느낄 수 있는 부분들이

곳곳에 있다.

　마지막으로 디즈니가 왜 디즈니랜드를 수익구조의 종착지로 설정했는지 알 수 있었던 다양한 상업적 요소다. 우선 캘리포니아 애너하임의 디즈니랜드는 크게 두 구역으로 나눠져 있다. 과거의 작품들 중심으로 만들어져 있는 디즈니랜드 파크와, 스릴 있는 놀이기구들이 많고 픽사의 작품들을 만나 볼 수 있는 어드벤처 파크가 있다. 두 파크 모두 각각의 입장권을 팔고, 둘 다 입장하기 위해서는 특별한 입장권을 사야 한다. 따라서 디즈니의 역사를 느끼면서 재밌는 놀이기구 또한 타고 싶은 사람들은 무조건 두 파크에 모두 들어갈 수 있는 입장권을 사야 하는 것이다.

　또한 디즈니에는 어마어마하게 많은 캐릭터들과 콘텐츠가 있는 만큼 그와 관련된 굿즈goods도 엄청나다. 양적으로도 많고 다양하며, 질적으로도 영화에 나오는 것과 거의 똑같은 수준의 상품들을 디즈니랜드에서 발견할 수 있었다. 특히 〈토이스토리〉의 경우 장난감을 주제로 만들어진 영화이다 보니 정말 영화 캐릭터들과 완전히 똑같은 인형들을 판매한다. 필자도 이에 넘어가서 '우디' 인형을 사고 말았다.

디즈니만의 팬클럽, D23

디즈니는 2009년에 D23이라는 이름으로 팬클럽을 만들었다. 디즈니의 D와 창립연도인 1923년이 합쳐져 만들어진 D23은 1년에 99.99달러를 내면 가입할 수 있다. 가입하면 팬들을 위한 배지와 잡지를 받을 수 있고, 이벤트에도 참여할 수 있는 권리가 생긴다. 또한 2년에 한 번씩 열리는 디즈니의 축제 'D23 엑스포'에서 팬클럽 가입자만이 들어갈 수 있는 공간들에 들어가 새로운 체험을 하는 것이 가능해진다.

D23 엑스포에서는 디즈니의 다음 2년에 대한 계획을 자세히 들을 수 있고 그동안의 디즈니 영화들에 사용된 소품이나 세트를 구경하는 것도 가능하다. 또한, 디즈니에 소속되어 있는 픽사나 21세기폭스 같은 제작사들의 새로운 작품들도 미리 볼 수 있다. 무엇보다도 D23 엑스포의 가장 큰 장점은 바로 자신과 마찬가지로 디즈니를 사랑하는 수많은 사람들을 만날 수 있다는 점이다. 필자가 진행한 인터뷰의 대상자 10명 중 9명을 D23에서 만났는데, 이들이 D23을 방문한 동기는 다양했지만 공통점은 모두 디즈니를 사랑하는 팬들이었다는 것이다.

디즈니와 마블을 사랑하고 그에 대한 모든 것들을 볼 수 있어서 왔습니다. 픽사, 마블, 디즈니, 스타워즈 등 모든 것이 모여 있는 이곳

을 경험할 수 있다는 것이 기대됩니다.　　　　　　30대 남성, D23 방문객

D23이 시작된 첫날부터 멤버로 들어갔기 때문에 항상 D23을 방문
했습니다. 나와 공통된 관심사를 지닌 사람들과 모여 재밌게 논다는
것이 기대됩니다.　　　　　　　　　　　　　20대 여성, D23 방문객

디즈니 팬들

디즈니는 전 세계 거의 모든 나라에 자신의 콘텐츠를 공급하는 글
로벌 기업이기 때문에 여러 나라들을 배경으로 한 콘텐츠를 제작
하려고 노력한다. 디즈니의 수많은 팬 역시 다양한 문화와 인종으
로 이루어져 있고, 이들은 디즈니 콘텐츠를 통해 서로의 문화를
이해하고 존중한다.

디즈니의 가장 큰 축제인 D23에 방문했을 때 디즈니를 좋아하
는 정말 다양한 사람들을 만나 볼 수 있었다. 그중에서 제일 기억
에 남는 사람들은 다음과 같다.

첫 번째는 코스프레costume play를 하는 사람들이다. 포럼이나 세
미나하면 보통은 격식 있는 의복을 떠올리곤 한다. 그러나 D23은
정장을 잘 차려 입은 사람이 오히려 더 눈에 띄는 곳이었다. D23
에서는 자신이 좋아하는 캐릭터로 코스프레한 팬들을 쉽게 찾아
볼 수 있었다. 코스프레는 영화나 만화에 등장하는 캐릭터들의 의

D23 엑스포 현장의 모습.

상과 똑같이 옷을 제작하거나 주문하여 입고 화장, 머리 스타일 등 모든 외적인 부분을 따라 하는 것이다. 마블에 등장하는 스칼렛위치, 아이언맨, 토르 등부터 시작해서 신데렐라에 등장하는 작은 컵까지 영화에 등장하는 모든 것들이 코스프레의 대상이 된다. 코스프레를 한 팬들은 서로 사진을 찍고 악수를 나누며 또 다른 재미를 제공한다. D23은 단순히 디즈니가 전시하고 기획한 행사들을 감상하는 형태의 세미나를 넘어 디즈니 팬들을 위한 공간이자 행사라는 의미를 가진다.

두 번째는 가족 단위로 오는 사람들이다. D23에서 흥미로웠던 점은 머리가 하얀 할머니, 할아버지부터 아주 어린 아이까지 전 연령층의 디즈니 팬들을 만나 볼 수 있었다. 이는 어린 시절, 영화나 놀이기구를 통해 디즈니와 함께한 부모님들이 자신의 어릴

적 기억들을 다시 떠올리면서 자녀들에게 디즈니 세계를 보여 주고자 방문하는 경우가 많았기 때문이다. 요즘 디즈니가 가장 많이 신경을 쓰는 타깃target층인 디즈니에 대한 과거의 기억이 있는 어른들과, 디즈니의 새로운 소비자가 될 수 있는 아이들을 모두 포함하는 집단이 바로 이러한 가족 단위의 디즈니 팬이다. 디즈니는 그들의 콘텐츠 IP를 팬들이 스스로 다음 세대에 물려줄 수 있는 형태로 발전시켜 콘텐츠의 영향력을 세대를 걸쳐 이어 가고 있다. 실제로 D23에서 선보인 디즈니의 OTT 서비스인 디즈니플러스 역시 전 연령층을 잡기 위한 전략을 도입하고 있다. 디즈니의 콘텐츠 중 저연령층에게 더 매력적으로 다가갈 콘텐츠와 고연령층의 흥미를 끌 콘텐츠를 구분해 스트리밍 서비스를 진행하는 것이다. 이처럼 디즈니는 그들의 콘텐츠를 각 연령층에 맞게 서비스해 다양한 연령층으로 구성된 가족단위 팬들 모두 디즈니에 열광하고 같은 문화를 공유할 수 있도록 돕고 있다.

마지막으로는 디즈니의 직원들이 있다. D23이 가장 큰 디즈니의 축제인 만큼 회사 내에서 일하지 않고 D23에서 근무하거나 직접 체험을 하는 디즈니 직원들을 많이 만났다. 실제로 VR 기술을 바탕으로 〈라이온 킹〉 뮤지컬을 관람할 수 있도록 만들어 놓은 체험형 부스에서 디즈니 인사팀 소속의 직원을 만나 볼 수 있었다. 그는 혼자서 D23에 올 정도로 디즈니의 행사에 관심이 많았으며, 자신이 담당하고 있는 인사팀 업무뿐만 아니라 디즈니가 만드는 콘텐츠와 캐릭터에 팬으로서 큰 관심을 보이고 있었다. 즉, 이들은 디즈니의 직원이기 이전에 팬이었고 그렇기에 디즈니에서 맡은 자신의 업무에 보다 진심으로 임할 수 있는 것이었다. 그들과 이야기를 나누며 디즈니에서 일하는 사람들의 디즈니에 대한 큰 애정을 느낄 수 있었고, 이것이 그들이 디즈니에 입사하고 나서 생긴 것이 아니라 그 이전부터 디즈니가 만들어 온 콘텐츠들로 인해 생겨난 것이라는 걸 느낄 수 있었다.

D23의 행사들

3일 동안 진행되는 D23에는 팬들이 즐길 수 있는 엄청나게 다양한 이벤트들이 있었다. 그중에서도 가장 신기했던 것은 〈어벤져스〉의 명장면 속에 내가 나오는 체험이었다. 〈어벤져스: 엔드게임〉에는 어벤져스가 완전히 전세가 밀린 순간에 여태까지의 모든 어벤져스 멤버들이 다시 돌아와 등장하는 장면이 있다. 그 장면을 찍을 수 있도록 세트를 만들고 간단한 컴퓨터 그래픽으로 실제 영화의 장면처럼 나오게 만들어 놓은 부스가 있었다. 이렇게 영화와 관련된 체험에 더해 새로운 기술들을 접목해 경험해 볼 수 있는 미디어 콘텐츠들을 확인할 수 있었다. 가장 많은 사람이 몰린 이벤트 중 하나였던, VR로 체험하는 디즈니 뮤지컬 또한 신기한 경험이었다. 이를 통해 뮤지컬로 유명한 디즈니의 작품들인 〈라이온

D23 엑스포를 방문한 미디어 루키스.

킹〉, 〈알라딘〉 그리고 새롭게 나오는 〈겨울왕국〉 뮤지컬을 볼 수 있었다. 생각만큼 생동감 넘치는 체험은 아니었지만 디즈니가 VR 콘텐츠 제작에도 투자를 하고 있다는 것을 알게 된 것만으로 의미 있는 시간이었다.

가장 큰 부스에서는 디즈니의 야심작, 디즈니플러스에 대한 홍보와 디즈니플러스에 들어올 콘텐츠들의 감독들과의 인터뷰가 진행되고 있었다. 디즈니플러스가 한국에서는 2021년 출시되기 때문에 신규가입 행사에 참여할 수는 없었지만, 디즈니플러스에 추가될 8천 개 이상의 콘텐츠들을 보니 넷플릭스와 디즈니가 치를

OTT 싸움이 얼마나 치열할지 상상도 안 됐다. 또한 현재 미디어 산업에서는 콘텐츠의 힘이 점점 더 커지고 있기에, 이제는 콘텐츠가 플랫폼의 위에 있을 수도 있겠다는 생각을 했다.

'어른이'들에게 디즈니란?

이번 프로그램을 통해 미국에 다녀오기 전 필자는 디즈니 팬들이 얼마나 열광적으로 디즈니를 따르는지 알지 못했다. 그리고 'D23'이라는 팬클럽이 있다는 것도 D23 엑스포를 간다는 말을 들은 후 찾아본 것이었기 때문에 디즈니 팬덤이 하나의 문화로서 자리 잡았다는 생각을 전혀 하지 못했다. 그런데 미국에서 직접 현지인들과 인터뷰를 진행하며 이들에게 있어 디즈니가 어떠한 의미인지 들자, 디즈니가 여태까지 만들어 온 이미지와 이를 통해 이들에게 준 영향력이 얼마나 대단한지 느낄 수 있었다. 마지막으로 이들의 답변 일부를 직접 소개하며 글을 마무리하고자 한다.

> 디즈니는 꿈과 추억인 거 같아요. 디즈니랜드를 어제 갔는데 어릴 때 보던 〈신데렐라〉, 〈잠자는 숲속의 공주〉를 눈앞에서 다시 보니 옛날 생각이 나고, 불꽃놀이를 맨 앞에서 봤는데 눈시울이 붉어지고 되게 뭉클했어요.
>
> 40대 부부, D23 방문객

어린 시절 기억 같습니다. 디즈니를 통해 그때를 떠올려요.

60대 여성, D23 방문객

많은 것을 뜻해요. 딸이 태어났을 때부터 디즈니랜드에 방문했었고, 매년 디즈니랜드로 휴가를 갔습니다. 디즈니랜드는 매번 휴식을 취할 수 있게 하며 동시에 또 재밌게 놀 수 있는, 정말 편안하고 안정감을 주는 가족적인 환경이에요.   40대 남성, D23 방문객

디즈니는 저와 같이 자라온 것이기도 하지만, 저는 디즈니에서 일도 하고 싶기에 제가 바라볼 미래의 일이라고도 할 수 있습니다. 저는 디즈니의 텔레비전 방송들, 영화들을 보고 놀이공원을 다니며 자라왔어요. 디즈니는 저의 모든 것입니다.   20대 남성, D23 방문객

디즈니는 마법을 부려 모두를 행복하게 만들어 줍니다. 이렇게 사람들을 행복하게 만들어 주는 곳은 특별한 것 같아요.

80대 여성, D23 방문객

어렸을 적을 상징하는 것 같아요. 어떤 나이여도 그때 나오는 디즈니 영화들이 있고, 영화들로부터 인생의 교훈을 얻을 수 있습니다. 디즈니는 내가 어린 것처럼 생각하게 해줍니다.

30대 남성, D23 방문객

더 생각해 보기

1 디즈니 글로벌 전략의 다음 단계는 무엇일까요?

2 AI, VR, AR 기반 미디어 테크놀로지 시대에 디즈니는 어떤 식으로 변신할까요?

3 디즈니의 오프라인과 온라인 팬덤 전략은 우리의 미디어산업에 어떻게 적용될 수 있을까요?

참고문헌

〈매일경제〉(2019. 7. 22.), "디즈니, 마블 인수 후 10년간 21조 원 벌었다".
〈서울경제〉(2019. 8. 16.), "〔토요워치〕디즈니 킹덤 '꿈·생쥐 한 마리'로 시작됐다".
이영수(2014), "멀티버스에 기반한 마블코믹스의 트랜스미디어 스토리텔링 연구", 〈애니메이션연구〉, 10(4): 189~209.

Capodagli, B. & Jackson, L. 저, 서미석 역(2019), 《디즈니 웨이: 전 세계를 사로잡은 콘텐츠 기업의 모든 것》, 현대지성.
Forbes(2020. 5. 13.), "Global 2000 - The World's Largest Public Companies 2020"

디즈니랜드 웹사이트. (https://disneyland. disney. go. com)

미국의 중심에 우뚝 선
K-컬처를 만나다

KCON

신세희 미디어학부 2학년

전 세계를 사로잡은
한국의 문화콘텐츠, K-컬처

지난 2020년 1월 1일, 한국의 대표적인 K-팝 아이돌 그룹인 방탄소년단이 뉴욕 타임스퀘어에서 새해맞이 공연을 선보였다. 영어가 아닌 한국어 노래가 미국의 중심에서 흘러나오는 모습이 전 세계로 생중계되었다. 2013년 싸이의 〈강남스타일〉이후 처음이다. 21세기를 살아가는 젊은 세대들에게 이러한 현상은 낯선 감정으로 다가오지는 않을 것이다. 이미 많은 K-팝 아이돌 그룹들이 해외로 진출한 상황이고, 전 세계의 무대에서 공연을 하는 '월드투어'가 성황리에 이뤄지고 있기 때문이다.

　봉준호 감독의 〈기생충〉이라는 영화는 어떤가. 한국에서 처음 개봉되었을 때, "역시 봉준호"라는 말과 함께 영화는 엄청난 흥행을 하였다. 이 흥행은 한국뿐만 아니라 다른 나라로도 이어졌고, 그 결과 칸 영화제, 미국 아카데미 시상식 등에서 많은 상을 거머쥐게 되었다. 이에 힘입어 〈기생충〉은 전 세계의 모든 영화관을 점령해 나갔다.

하지만, 불과 10~20년 전까지만 해도 이러한 모습은 상상하지도 못했던, 꿈만 같은 일이었다. 한국의 문화가 전 세계 한가운데에서, 그것도 미국의 중심에서 각광받는 모습이라니. 불가능한 일이었다. 이러한 평을 받았던 K-컬처K-culture가 현재는 세계 경제의 중심지인 미국의 중심부에서 많은 사람들의 관심을 받고 있다. 이러한 상황을 바탕으로, K-컬처 흥행의 선두는 어떠한 사람들이 이끌어 가고 있는지 그 대표 주자인 CJ ENM의 사례를 AJ미디어 루키스 프로그램을 통해 직접 경험하고 왔다. 우리는 현장에서 KCON 기획 담당자인 노선국 팀장님과 조보현 대리님의 인솔을 받으며 행사를 즐기고, K-컬처의 위엄을 느껴 보았다.

아이돌 좋아하는 게 어때서!

21세기를 살아가는 우리들의 학창시절을 한번 돌아보자. 다들 자신이 속해 있던 반에 아이돌을 좋아하는 친구 한 명쯤은 있었을 것이다. 나의 학창시절만 돌아보아도 적지 않은 친구들이 각자 좋아하는 아이돌의 무대 영상을 담아와, 쉬는 시간에 각 반마다 설치되어 있던 TV에 연결하여 보곤 했다. 아이돌에 관심이 없는 누군가는 이렇게 물어보곤 했다. "아이돌 대체 왜 좋아하는 거야?" 이 질문을 받은 친구들은 수많은 답변을 쏟아내곤 했다. "잘생겼다", "노래를 잘한다", "칼군무가 너무 멋지다", "귀엽게 생겼다", "나에게 힐링이 된다" 등. 필자의 경우에도 학창시절 스트레스를 풀 수 있는 하나의 창구로 흔히들 말하는 아이돌 '덕질'을 했기 때문에, 이 질문을 받아본 적이 있다. 구체적인 이유는 조금씩 다르지만, 그들의 음악과 무대를 좋아한다는 것은 모든 팬들에게 공통된 사항이다.

이번 AJ 미디어 루키스 프로그램을 통해 '그들의 음악이 좋고, 그들의 무대가 좋다'는 이 부분을 무려 해외에서도 확인해 볼 수 있었다. 외국 문화가 우리나라로 들어와서 우리나라 대중들이 외국 가수를 좋아하고, 외국 배우를 좋아하는 현상은 주변에 많이 보이는, 우리에게 익숙한 광경이다. 하지만, 외국인이 한국 가수나 배우를 좋아한다? 중국이나 일본이 아닌, 서양 국가 사람들이? 이미 인터넷에서 많은 영상을 통해 K-팝의 위력을 간접적으로 확인해 본 바가 있지만, 그걸 현장에서 직접 경험하면 어떤 느낌일까 하는 기대감을 품고 미국으로 향했다.

이번 여정에서 정말 관심 있게 본 프로그램 중 하나가 바로

LA컨벤션센터 건물 외벽에 크게 걸린 〈KCON 2019 LA〉 현수막.
8월 15일~18일 나흘간 10만 명이 넘는 관객이 모였고,
KCON 누적 관객 수 100만 명을 돌파하였다.

KCON 탐방이었다. 대한민국에 사는 사람이 자국 연예인을 좋아
하는 것은 일반적이고 흔한 현상으로 받아들여지지만, 외국인들
이 우리나라 연예인을 좋아하는 것은 머릿속에서 그림이 잘 그려
지지 않았기 때문이다. K-팝이, 더 나아가 K-컬처가 해외에서,
특히 미국의 중심부에서 어떻게 자리를 잡았는지에 대한 자세한
내막을 듣고, 보고, 느낄 수 있는 기회를 AJ 미디어 루키스 프로
그램을 통해 가질 수 있었다.

엔터테인먼트,
아이돌 소속사만 말하는 거 아니었어?

CJ ENM이라는 이름을 들었을 때, 일반적으로 우리의 뇌 속에 번 뜩 스쳐 지나가는 키워드는 아마 '국내 최대의 엔터테인먼트 기업' 일 것이다. 여기서 한 가지 의문이 생긴다. 우리가 흔히 알고 있 는 엔터테인먼트 기업은 주로 '아이돌 소속사'가 아닌가? 흔히들 아는 SM엔터테인먼트, JYP엔터테인먼트가 '아이돌 소속사'로 사 고가 직결되다 보니 이러한 오해 아닌 오해를 할 수도 있다. '엔터 테인먼트'의 사전적 의미를 찾아보면 다양한 뜻이 있음을 알 수 있 다. 영어 단어 그 자체로는 '오락'이라는 뜻이지만, 더 넓은 의미 의 문화적 측면에서 보았을 때 '쉬고 즐길 수 있는 오락적 여흥거 리'로 정의할 수 있다. 즉, 영화, 게임, 공연 등이 전부 '엔터테인 먼트'의 범위에 포함될 수 있는 것이다.

조금 더 직관적으로 생각해 보도록 하자. 일단, 가장 쉽게 관련 지을 수 있는 K-팝에서 시작해 보는 것이다. K-팝을 좋아한다고 하면 꼭 한 번은 받는 질문들이 있다.

- 너 OOO 그룹 좋아한다며. 그러면 콘서트 가본 적 있어?
- 너도 그럼 다른 애들처럼 스밍(스트리밍의 줄임말) 돌려?
- 이번 신곡 앨범 나온 거 구매했겠네! 팬 사인회도 응모했어?

이 질문들에서 언급되고 있는 콘서트, 스트리밍, 앨범 구매 등은 모두 엔터테인먼트 분야에 속하는 사업으로 볼 수 있다. 실제로 CJ ENM에는 공연 기획을 위해 움직이는 팀이 따로 존재한다. 많은 국내 아이돌 가수 공연의 기획·협조를 위한 인력 투입도 진행하고 있다. 국내 1위 음원 스트리밍 플랫폼인 멜론Melon 또한 엔터테인먼트 기업 중 하나로 볼 수 있을 것이고, 앨범을 제작하는 회사 또한 큰 분류에서는 엔터테인먼트 기업으로 분류될 수 있다.

2017년에 혜성처럼 등장해서 "이겼닭! 오늘 저녁은 치킨이닭!"이라는 명대사를 남긴 게임을 플레이해 본 적이 있는가? 바로 펍지PUBG주식회사에서 만든 게임 〈배틀그라운드PLAYERUNKNOWN'S BATTLEGROUNDS〉에서 우승 시 볼 수 있는 멘트이다. 흔히들 '배그'라고 줄여서 부르는 이 게임은 어마어마한 인기에 힘입어 모바일로도 출시되었다. 이 게임의 인기가 날이 갈수록 치솟음에 따라 '펍지 콘티넨탈 시리즈PUBG Continental Series; PCS'라는 〈배틀그라운드〉 대회도 매년 개최하고 있다. 이렇게 게임 분야의 사업을 지속적으로 확장하고 있는 펍지주식회사 또한 엔터테인먼트 기업이라고 볼 수 있다. 2011년에 처음 출시되어 현재까지도 엄청난 인기를 끌고 있는 게임 〈리그오브레전드League of Legends, LOL〉를 만든 라이엇게임즈Riot Games도 같은 맥락에서 엔터테인먼트 기업으로 분류된다.

이 외에도 영화, 연극 등 다양한 오락 관련 사업들을 모두 엔터테인먼트로 분류할 수 있다. 이를 그대로 CJ ENM에 적용하면, 현재 영화, 공연, 방송, 음악 등 사람들이 즐길 수 있는 것들을 사업으로 운용하고 있는 CJ ENM 역시 '엔터테인먼트 기업'이라고 할 수 있을 것이다. 여러분이 잘 아는 티비엔tvN의 예능 〈신서유기〉, 드라마 '응답하라' 시리즈와 〈도깨비〉, 여러분이 자주 가는 CGV 극장 및 각종 콘서트, 이 모든 것들이 다 CJ ENM이라는 '엔터테인먼트 기업'을 통해서 탄생한 것이다.

CJ ENM의 K-컬처 서포트: "두 유 노우 〈기생충〉?"

혹시 '두 유 노우Do you know' 시리즈를 접해 본 적이 있는가? 이는 외국인들이 듣고 바로 한국을 떠올릴 수 있게 하는 어떤 사물 혹은 인물들, 즉 우리나라의 자부심과 같은 존재들을 묶어서 표현할 때 쓰인 인터넷상 유행어다. 대표적인 예로 김연아, 싸이, 손흥민, K-팝 등을 들 수 있다. 최근 이 대열에 합류한 것이 바로 봉준호 감독의 영화 〈기생충〉이다.

우리나라 영화 〈기생충〉이 여러 유명 국제 영화제에서 상을 쓸어올 수 있었던 배경에는 CJ ENM의 어마어마한 서포트support가 있었다. 〈기생충〉의 엄청난 흥행은 비교적 최근 이야기이지만,

그 이전부터 CJ ENM이 K-컬처를 위해 엄청난 노력을 해왔다는 것이 다음의 예시를 통해 드러난다.

영화 〈기생충〉이 2019년 8월 말에 미국 아카데미 시상식 '외국어영화상'(국제장편영화상) 부문의 대한민국 후보로 올라가면서, CJ ENM의 〈기생충〉에 대한 전폭적인 지지가 본격적으로 드러났다. 우선 CJ ENM 내부의 영화 커뮤니케이션 팀에서 〈기생충〉에 대한 일명 '아카데미 캠페인'에 돌입하게 됐다.

다른 영화제의 경우 일반적으로 '작품 출품 및 초청'의 형식으로 이루어진다. 하지만 미국 아카데미 시상식의 경우, 전 세계에 있는 영화예술과학아카데미AMPAS 회원 약 8천여 명의 투표를 통해 후보작 선정이 이루어진다. 즉, 미국 아카데미 시상식은 영화를 보는 관객들의 반응뿐만 아니라 영화산업을 이끌고 있는 오피니언 리더opinion leader들의 한 표 한 표가 매우 중요한 것이다.

이에 대해 CJ ENM은 〈기생충〉의 북미 배급사인 네온NEON과의 협업을 진행하였다. 캠페인 전략 수립부터 시작하여 전 세계 〈기생충〉 개봉 현황 파악, 관객 및 오피니언 리더를 대상으로 한 시사회 개최, 영화 광고 및 이벤트 진행 등 모든 부분에 대한 관리에 있어, 북미 현지 노하우를 가지고 있는 네온과의 지속적인 협력을 유지해 왔다. 이를 기반으로 한 수많은 일정과 프로모션 과정을 거쳐 〈기생충〉이 많은 상을 거머쥘 수 있었던 것이다. 사실 CJ ENM은 봉준호 감독의 이전 다른 작품들에 대한 투자도 지속적으로 해왔다. 지난 2013년 개봉했던 영화 〈설국열차〉는 봉준호 감독의 또 다른 대표작이다. 이 영화는 할리우드 배우까지 여럿 섭외가 된, 어마어마한 기획력을 바탕으로 한 작품이었는데 이때도 CJ ENM의 든든한 서포트가 있었다.

〈기생충〉의 각종 국제 영화제 수상으로 인해 CJ ENM의 영화 제작에 대한 서포트가 최근 더욱 돋보였던 것은 사실이지만, CJ ENM은 영화가 아닌 다른 분야에 대해서도 꾸준히 서포트를 해왔다. 음악 전문 채널 '엠넷Mnet'을 또 하나의 예시로 이야기할 수 있다. 아이돌 '덕질' 좀 한 사람들이라면 알겠지만, 엠넷은 K-팝 관련 콘텐츠에 있어서는 1등이나 다름없는 포지션을 차지하고 있다. 엠넷의 K-팝과 관련된 다양한 콘텐츠 제작 및 기획 등을 통해 이를 확인할 수 있다. 컴백comeback하는 아이돌을 위한 단독 컴백 쇼 제작, 해외에서 개최하는 드림 콘서트 기획, 아이돌 릴레이 댄스 기획 등 다양한 콘텐츠를 기획·제작하여 방송 프로그램인 〈엠카운트다운M Countdown〉과 유튜브 채널인 '엠투M2'를 통해 꾸준히 선보이고 있다.

물론 음악방송에 있어서는 〈뮤직뱅크Music Bank〉, 〈쇼! 음악중심〉, 〈인기가요〉가 이미 오랜 기간 그야말로 '탑top'의 자리를 지켜왔기 때문에, 후발주자 〈엠카운트다운〉이 인지도의 측면에 있어서 뒤떨어지는 건 사실이다. 하지만 〈엠카운트다운〉을 통해서만 만나 볼 수 있는 단독 콘텐츠에 대한 꾸준한 기획으로 시청자층을 꾸준히 확보하고 있다. 아이돌은 많은 사람의 눈에 띄어야 하는 직업적 특성을 활용해, 엠넷은 아이돌 활동에 있어 자극을 줄 수 있는 다양한 역할을 해주고 있다. 이와 함께, 더 많은 아이돌들이 방송 혹은 유튜브 콘텐츠에 얼굴을 알릴 수 있는 다양한 방법들도 제시해 주고 있다.

이처럼 CJ ENM은 K-컬처를 알릴 수 있는 다양한 사업 분야에 막대한 노력 및 자본의 투자와 지지를 보내왔다. 가장 직관적인 예시로 영화 〈기생충〉의 사례를 들었지만, 비단 영화뿐만 아니라 음악, 방송, 공연 등 다양한 엔터테인먼트 분야에 아낌없는 지원을 하는 것이 이 기업이 K-컬처를 널리 알리는 1등 공신 중 하나로 인식되는 이유이지 않을까 싶다.

KCON이 품은 K-컬처

CJ ENM의 우리나라 엔터테인먼트 산업에 대한 서포트는 컨벤션의 형태로도 잘 드러나고 있다. 한류 열풍의 중심 역할을 하고 있고, 그 유통 창구로 작용하는 것이 바로 KCON이다. 현지에서 개최된 〈KCON 2019 LA〉에 우리 미디어 루키스가 직접 가 보았다. KCON 그 자체가 어떤 의미를 가지고 있고, 어떤 역할을 하고 있는지, 그리고 얼마만큼의 파급력을 가지고 있는지 등 KCON에 대한 모든 궁금증을 노선국 팀장님과 조보현 대리님에게 직접 물어보며 우리는 행사를 즐길 수 있었다. 다음의 내용은 직접 들은 내용을 토대로 재구성한 것이다.

한국 문화를 알리는 최대 규모의 컨벤션

KCON은 CJ ENM이 전 세계를 무대로 하여 컨벤션의 형태로 진행하는 K-컬처 유통 오프라인 플랫폼이다. 2012년부터 미국, 일본 등의 대도시에서 개최한 KCON은 K-팝뿐만 아니라 한국의 음식, 패션, 뷰티 산업 등 전반적인 한국의 문화를 외국인들에게 선보이는 한류 축제이다. 다양한 기업들과 정부기관(문화체육부, 대한무역투자진흥공사)과의 협업을 통해 매년 성공적인 행사를 개최하고 있다.

KCON은 '기업과 기업 사이의 연결'(B2B) 및 '기업과 소비자 사이의 연결'(B2C) 두 가지가 동시에 가능한 곳이다. 기존 산업구조에서는 B2B의 역할에 조금 더 무게가 실렸다면, KCON의 개최와 함께 기업이 소비자에게 직접 다가갈 수 있는 시스템이 구축된 것이다. 우선 기업의 입장에선, 국내외 다양한 기업들이 KCON에 참가하기에 외국 기업과의 사업 연계를 도모할 수 있는 장이 마련될 뿐만 아니라, CJ 소속의 자회사들이 총출동하여 로스앤젤레스 현지 기업들과의 미팅 자리를 마련해 주기도 한다. 컨벤션 외

〈KCON 2019 LA〉가 개최됐던 스테이플스 센터 입구.

에 따로 진행되는 현지 바이어 상담회도 원래 6회였는데 10회로 그 횟수가 증가했다는 것으로 보아, CJ ENM이 KCON 개최와 관련하여 해외 현지 업체들과의 적극적인 협력 관계를 통해 유통 플랫폼에 힘쓰고 있음을 확인할 수 있었다.

기존과는 다르게, 〈KCON 2019 LA〉에서는 또 다른 차별점을 확인해 볼 수 있었다. 바로 '현지인력 확보'의 창구로서 기능했다는 점이다. KCON 개최 이래 처음으로, 2019년도 KCON에 모든 CJ 계열사 대표들이 참여하여 채용박람회를 진행하였다. 이와 더불어 북미의 경우 현지 대학들에 초청장을 보내어 인재들을 섭외하였고, KCON 현장에서 채용설명회를 개최하였다. 이는 북미 진출을 위한 CJ ENM의 준비 단계로, 본격적인 북미 진출 및 산업 유통을 꾀하고 있음을 파악할 수 있었다.

KCON은 CJ ENM의 모든 사업이 집합되어 있는 곳이라고 말해도 과언이 아니다. 처음엔 국내에서 시작된 사업이었지만, 이제는 본 컨벤션을 통해 국내 기업과 외국 기업의 계약 체결도 가능할 뿐만 아니라 현지 업체들의 국내 진출까지도 가능하다. KCON이 국내외 산업의 상호보완적 관계 구축을 위한 다리 역할을 해주고 있는 것이다.

국내 공공기관과의 협업

KCON의 기본적인 행사 방식은 'B2C' 행사, 즉 기업과 소비자를 이어 주는 방식이다. 이러한 방식을 바탕으로 국내의 다양한 공공기관과의 협업 또한 KCON은 꾸준히 진행해 왔다. 대한무역투자진흥공사KOTRA도 KCON에 적극적인 지지를 보내주고 있는데, 수출박람회의 형식으로 진행이 되는 KCON에 참여할 중소기업의 선정 단계부터 지원을 해준다. 이렇게 선정된 기업들이 KCON 현장에서 판촉 및 전시회를 진행함에 따라 미국, 일본 등으로 진출할 수 있는 계기가 만들어진다. 〈KCON 2019 LA〉를 기준으로 했을 때, 이때까지 총 650여 개의 기업이 KCON에 참여했다고 한다. 이 외에도 문화체육부와의 협업을 통한 '한복 입기' 프로그램

진행, 세종학당과의 협업을 통해 한국을 알릴 수 있는 부스 참여 독려 등 매년 다양한 공공기관과의 협업이 이어지고 있다.

K-뷰티

K-뷰티K-beauty의 가장 큰 성장 배경은 유튜브이다. 그렇기 때문에 KCON은 유튜브에서 유명한 뷰티 크리에이터를 초청하여 현장에서 외국인들이 즉석 메이크업 강연을 볼 수 있도록 준비하였다. K-뷰티가 유명해진 계기 중 하나인 '아이돌 메이크업' 등을 주요 콘텐츠로 진행하였다. 행사 때 실제 아이돌이 참석하여 진행을 하기도 했고, 직접 메이크업을 선보이기도 했다. 남자 아이돌보다는 여자 아이돌이 이 행사에 주로 참석하는데, 기본적으로 여성이 남성보다 메이크업에 더 관심이 많고 유튜브에서 인기를 얻고 있는 주된 K-뷰티 콘텐츠가 여자 아이돌 메이크업에 초점이 맞춰져 있기 때문에 그렇다.

이뿐만 아니라, 한국의 여러 화장품 기업들이 KCON 행사장 내에 입점할 수 있도록 부스가 마련되어 있다. 아이돌 메이크업이 큰 인기를 끌면서 한국 화장품 제품들에 대한 인기도 자연스럽게 높아지게 되었는데, 이를 노린 한국 회사들이 미국 본토 진출을 계획하는 것이다. KCON 현장에는 현지인들을 상대로 상품 판매를 할 수 있는 부스가 마련되어 있었다. 또한, 이 기업들은 현장

KCON 행사 부스 중 하나였던 'KCON 뷰티스테이션'(KCON Beauty Station).
현장에서 메이크업 아티스트가 실시간으로 메이크업을 시연해 주고 있다.

에서 현지 투자사 혹은 기업 등과의 계약을 통해 현지로의 진출도
가능하며, 즉석 미팅을 위한 미팅룸 등의 시설이 컨벤션에 모두
준비되어 있었다.

K-푸드

국내 요식업 기업들도 KCON 현장에서 찾아볼 수 있었다. '비비
고', '빙그레' 등의 기업들이 푸드트럭이 줄을 선 것처럼 자리를 잡
고 있어, 한곳에서 다양한 K-푸드K-food를 맛볼 수 있었다. 주 고
객인 외국인들이 한국 시판 아이스크림 체험, 즉석식품 체험 등을

할 수 있도록 공간이 조성되어 있었다. 앞서 소개한 한국의 화장품 기업들이 현장에서 미팅을 진행하듯이, 이곳에서 우리나라 요식업계 제품의 해외 수출을 위한 계약도 이루어진다고 한다. 그렇기에 매년 다양한 요식업 기업들이 KCON에 참여하여 적극적인 홍보 활동을 하고 있다.

K-무비

이번 컨벤션 방문을 통해 필자는 영화 분야에 새로이 관심을 갖게 되었다. 아무래도 〈기생충〉의 전 세계적인 성공이 크게 다가왔기 때문에, 해외를 타깃으로 한 영화 산업이 어떻게 이루어지고 있는지 궁금했다.

미디어 콘텐츠산업의 경우, 포맷이나 콘텐츠의 직접 수출만 가능하다고 한다. 그렇기 때문에 IP 보존이 오랫동안 가능하면서, 2차 상품 제작이 가능한 영화산업의 해외 진출에 신경을 많이 쓰고 있다는 관계자의 설명을 들었다. 하지만 아직까지 국내 영화의 수출이 활발하게 이루어지지 않고 있기 때문에, 미국에서는 4DX관 납품을 하는, 즉 상영관의 기술을 전달해 주는 사업이 주로 이루어진다고 한다. K-뷰티나 K-팝과 같은 다른 한국 문화에 비해 영화산업이 다소 부진한 모습을 보이는 이유에 대해 질문해 보았다.

현지에서 들은 미국인들의 영화관 이용 방식과 한국인들의 방식에는 큰 차이가 존재했다. 한국의 경우, 영화관 내에서 팝콘이나 음료 외에도 나초, 소시지 등 다양한 음식을 즐길 수 있도록 공간이 마련되어 있지만, 미국은 영화관에 음식 사업이 들어와 있는 경우가 드물다고 한다. 그래서 CGV와 같은 한국식 상영관 자체의 보급을 넓히려 노력 중이라고 한다.

또한, 해외 소비자들을 위해 공포영화 전문 제작업체를 만든 적도 있다고 했다. 특별히 '공포영화 전문 제작사'를 세운 이유는 장르물이 타기팅targeting에 용이하기 때문이다. 데이터 수집 및 분석이 용이하기 때문에, 현지에서 보다 전략적인 접근이 가능하다는 것이 이에 대한 부연 설명이었다. 영화 〈기생충〉의 성공과 CJ ENM의 이와 같은 노력들이 잘 어우러진다면, K-무비K-movie 또한 해외에서 상승세를 탈 수 있지 않을까 하는 기대가 된다.

K-뮤직

KCON을 가장 대표하는 행사는 역시 K-팝 행사이다. 그중 가장 유명한 것이 바로 KCON 콘서트로, 한국 유명 아이돌 콘서트 무대이다. 높은 티켓 값에도 불구하고 매번 매진이 되는 이 무대는, 활발하게 활동하는 아이돌들을 섭외하여 현지에서 K-팝을 직접 선보이는 장소이다. 이 콘서트에 대해서는 뒤에서 자세한 후기와 함께 설명하도록 하겠다.

K-뮤직K-music을 선보이는 공간은 단순히 K-팝을 즐기기 위해서만 만들어진 곳이 아니다. 이번 KCON에서는 따로 마련되지 않았지만 2015, 2016년도에는 한국콘텐츠진흥원과 문화체육관광부와의 협업을 통해 인재발굴 및 데뷔무대 개최를 한 적이 있다고 한다. 즉, K-뮤직에 관심 있는 사람들이 직접 이 분야에 뛰어들어 일할 수 있는 발판도 마련해 주는 공간이 바로 KCON인 것이다.

이번 컨벤션에서 우리는 K-팝 월드K-pop World 섹션을 직접 만나볼 수 있었다. 이곳은 K-팝을 좋아하는 사람들을 위해 만들어진 섹션으로, '랜덤플레이댄스' 등의 콘텐츠를 제공하여 현장에서 같은 관심분야를 가진 사람들이 함께 즐길 수 있도록 공간을 마련한 것이다. 마침 우리가 이곳에 도착했을 때 랜덤플레이댄스가 진행되고 있어서 현장의 분위기를 엿볼 수 있었다. 이곳에서 우리 일행은 감탄을 금치 못했다. 아이돌 노래의 후렴구가 바뀔 때마다 몇십 명의 외국인들이 우르르 몰려나와 노래에 맞춰서 춤을 추는 그 장면은, KCON에서 필자가 본 것들 중 두 번째로 충격적이고 자랑스러운 장면이었다(첫 번째는 단연 KCON 콘서트이다).

KCON의 하이라이트, KCON 콘서트

KCON의 하이라이트는 당연히 저녁 시간에 열리는 KCON 콘서트이다. 사실 많은 사람들이 이 행사에 참여하기 위해 고가의 티켓임에도 불구하고 KCON에 오는 것이다(참고로 개최일 내내 입장할 수 있는, 콘서트 및 하이터치회 등 모든 행사에 참여할 수 있는 가장 고가의 티켓은 약 200만 원에 달한다). 그 현장에 들어갔을 때, 감탄을 금치 못했다. 약 2만여 석이 외국인들로 가득 찬 광경을 보고 요즘 말로 '국뽕'이 차오르지 않을 사람이 몇 명이나 될까.

저녁 8시부터 시작된 공연은 마마무, 세븐틴, 엔플라잉, 있지 등 아이돌부터 밴드까지, 신인 그룹부터 데뷔 N년차 그룹까지, 그야말로 현재 K-팝을 이끌어가는 주역들을 한눈에 볼 수 있는 자리였다. 그 많은 인파가 모인 것 자체로도 놀라웠지만, 공연 시작 후에는 엄청난 장면까지 보게 되었다.

혹시 내한 공연을 하는 외국 가수들이 한국 관중의 '떼창'을 보고 감동하는 모습을 영상으로 접해 본 적이 있는가? 그걸 보면 한국과 다른 나라의 콘서트 소비 모습이 다르다는 것을 간접적으로 알 수 있다. '노래 응원법'이 따로 제작되어 콘서트를 즐기는 하나의 문화로 '떼창'이 자리 잡은 한국과는 달리, 해외에는 말 그대로 '개인별로 공연 자체를 즐기기 위한' 사람들이 더 많다. 그렇다 보니 떼창 문화가 외국인들에게는 익숙하지 않다. 하지만 KCON 콘서트 현장에서 본 모습은 한국인, 외국인 할 것 없이 다 같이 어우러져 떼창을 하는 모습이었다. 이미 K-팝은 외국인들에게 '한국 문화'로 단단히 자리 잡은 듯하였다. 정기적인 '한국식 콘서트' 개최를 통해, 한국의 공연 문화까지 K-팝과 함께 전파된 셈이다.

KCON 콘서트 무대에서 아이돌 그룹 세븐틴이 공연을 하고 있다.
이날 2만 석에 달하는 모든 좌석이 매진되었다.

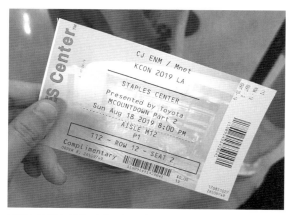

KCON 콘서트 입장 티켓. 이 콘서트는 K-팝의 위력을 보여 주는,
단연코 최고의 시간이었다.

한국 문화의 총집합체 KCON,
국내외에서 주목하는 이유는?

KCON이 다른 K-컬처 행사와 비교했을 때 갖는 가장 큰 차별점은 'K-컬처에 관심을 가지고 있는 모든 사람들을 한곳에 모이게 할 수 있다'는 점이다. 이와 더불어, 실제로 보고 만나고 경험할 수 있는 장소를 제공한다는 점 또한 큰 장점이자 차별점으로 꼽을 수 있다. 한 장소에서 한국의 뷰티, 음악, 음식 등을 모두 접할 수 있는 것 자체로 K-컬처에 관심을 가지고 있는 사람들에게는 특별한 경험의 장이 될 수 있다는 것이다.

KCON은 타깃 분할이 정말 잘 되어있는 행사로도 꼽힌다. 〈KCON 2019 LA〉를 기준으로 하였을 때, 본 행사의 주요 타깃층은 '북미 여성 소비자'이다. 분명한 목적 타깃층이 존재하기 때문에 서포트 기업도 이 부분에 적합한 기업을 모집하는 등, 적극적인 현지화 전략을 펼칠 수 있었다. 타깃층에 대한 정확한 분석과 그에 따른 전략 수립이 현지인들을 행사장으로 끌어모으는 데에 큰 역할을 하지 않았나 싶다.

CJ ENM은 KCON의 경쟁업체를 같은 엔터테인먼트 기업 중에서 찾지 않는다. 적어도 디지털 콘텐츠산업군에서는 아니라고 노선국 팀장님은 말했는데, 그 이유로 "KCON이 컨벤션의 성격을 가지고 있기 때문"이라고 했다. 다양한 장르의 수십 개의 부스가 어우러져 있는 KCON의 목적은 '현장 참여자들이 하나를 통해 또 다른 것을 떠올리게 되는 것'에 있다. 예를 들어, KCON에서 K-팝 랜덤플레이댄스에 대한 경험을 떠올리면서 그 근처에 있었던 K-뷰티 부스에 대한 경험 또한 떠올리는 것과 같은 식이다. 즉, 하나의 경험을 통해 그 현장에 있었던 다른 것들도 연쇄적으로 떠올릴 수 있도록 하는 것, 이런 식으로 외국인들에게 K-컬처를 각인시키는 것이다. 이는 KCON만이 가질 수 있는 차별점이며, KCON이 성황리에 마무리될 수 있었던 원동력이다.

한류 3.0 시대,
이제는 더 멀리 뻗어 나갈 시점

KCON을 통해 경험한 한국 문화의 전파는 생각보다 다양한 분야에서 이루어지고 있었다. K-팝이라는 장르만 한류 물결을 타는 것 같았지만 이로부터 파생되어 음식, 뷰티 등 많은 분야의 사업들이 해외 진출을 준비하는 모습을 직접 볼 수 있는 값진 기회였다. KCON 관계자의 설명도 직접 들으며 컨벤션을 관람하였기 때문에, 매체를 통해 접하는 단편적인 지식들보다 더 구체적인 정보를 곁들여 KCON 사업을 이해할 수 있었다. 이 모든 것들이 종합되어, 이날은 CJ ENM이 가지고 있는 문화 전파자로서의 역량을 체감한 하루였다.

K-컬처는 K-팝을 시작점으로 하여, 현재는 전 세계로 퍼지고 있는 한국 문화이다. '한국'이라는 조그마한 나라의 문화가 어떻게 세계적으로 뻗어 나갈 수 있느냐에 대해 의문을 가지고 있었던 사람들이 분명 많았을 것이다. 그러나 이러한 사고의 틀은 전 세계 만국 공통어라고 할 수 있는 '음악'을 통해 깨졌고, 틀을 깨뜨린 그 흐름은 지금도 물살을 타고 세계 이곳저곳을 누비는 중이다. 인터넷 소셜미디어 혹은 다양한 영상 플랫폼을 통해 빠른 속도로 퍼졌던 한국 문화에 대해 CJ ENM이 조금 더 체계적이고 사업을 확장할 수 있는 방식으로 접근하고 있는 것이다. 이러한 접근 방법이 구체화된 장소가 바로 KCON이다.

하지만 더 멀리 나아가기 위해서는 현재의 위치에 안일하게 머물러 있으면 안 된다는 생각이 계속해서 든다. 한국 문화가 가지고 있는 한계가 이러한 생각을 하게 하는 주된 이유이다. 한국의 문화가 해외로 더 본격적으로 퍼지지 못한 이유 중 하나는 '한국어 문화권'만이 공유할 수 있는 내용이 콘텐츠에 많이 녹아 있기 때문이라고 생각한다. 한국 문화가 세계시장에서 더욱 더 경쟁력을 갖추기 위해서는 이러한 한계점과 관련해 계속해서 많은 노력이 필요하다.

이러한 장벽을 뚫기 위해, 더 많은 사람들의 공감을 얻을 수 있는 콘텐츠에 대한 꾸준한 연구와 개발이 필요하다. 전 세계를 타깃으로 하기 위해서는 다른 나라 문화에 대한 공부뿐만 아니라, 어떠한 콘텐츠가 온라인상에서 유행하고 있는지 등에 대한 꾸준한 모니터링 또한 요구될 것이다. 이러한 분야의 전문 인력을 키우기 위해 CJ ENM이 또 한 번 나설 수도 있을 것이다. 이미 엔터테인먼트 산업에 있어서 많은 정보를 축적한 기업이기 때문에, 전문인력 양성을 위한 아카데미 오픈 등을 통해 글로벌 진출을 목표로 하는 다양한 엔터테인먼트 분야의 인재를 키울 수 있다고 생각한다. CJ ENM은 이러한 인재양성 과정을 통해 전문적으로 키워진 인재들을 다시 회사로 끌어들이는 노력 또한 함께하여, 지속적인 혁신과 발전을 꿈꿔야 할 것이다.

세계 각지에서 한국의 문화가 소비되고 있다. 하지만 우리에겐 세계에 더 알릴 수 있는 우리의 문화가 여전히 많이 남아 있다. '엔터테인먼트적 요소'뿐만 아니라, 한글이나 자랑스러운 우리의 역사와 같은 인문학적 요소들 역시 충분히 한류 열풍의 주인공이 될 수 있지 않을까 생각해 본다. KCON 컨벤션에 직접 참여하면서 CJ ENM을 비롯한 문화산업의 여러 주체들이 지금까지 쌓아 온 한국 문화의 유통경로를 확인할 수 있었다. 이를 통해 아직 알려지지 못한 우리의 다른 문화들도 전 세계에 전파될 날이 머지않았다는 작은 기대감과 설렘이 생기기도 하였다.

2010년대에 들어서 우리는 '한류 3.0' 시대를 맞이했다. K-팝을 통한 문화 전파가 주였던 2000년대의 '한류 2.0'이 끝나고, 음악뿐만 아니라 우리나라의 다른 문화들도 더욱 다양한 방식을 통해 전 세계적으로 소비되기 시작한 것이다. 우리나라의 자랑스러운 모습을 보고 싶은 사람들, 우리나라의 문화를 외국인과 함께 즐기고 싶은 사람들, 그리고 우리나라 문화를 더욱더 널리 알리고 싶은 사람들이라면 KCON에 한 번쯤 방문해 보는 것은 어떤가. 아마 당신의 눈앞에 한류의 새로운 세계가 펼쳐질 것이다.

더 생각해 보기

1 K-컬처가 글로벌 대중문화 시장에서 성장하게 된 배경과 그 의미는 무엇인가요?

2 K-팝, K-무비가 글로벌 콘텐츠산업으로 계속 성장할 수 있을까요? 이를 위해 어떤 전략과 노력이 필요할지 토론해 봅시다.

3 창의적인 K-컬처 콘텐츠 제작자가 되기 위해 어떤 학습과 훈련, 그리고 전략이 필요할까요?

참고문헌

〈뉴스1〉(2020. 2. 11.), "〔in LA〕'기생충' 뒤엔 CJ … 미지의 아카데미 캠페인, 어떻게 성공했나".

〈브랜드브리프〉(2019. 8. 26.), "'K팝이 상생의 가교' … CJ ENM KCON, 중소기업 글로벌 활로 뚫었다".

〈이코노믹리뷰〉(2019. 8. 19.), "KCON, 한류로 전 세계 '100만' 심장 뛰게 하다".

〈한국경제〉(2020. 2. 10.), "아카데미 역사 새로 쓴 '기생충' … CJ그룹 25년 K컬처 투자 결실".

황승경(2020), "영화 '기생충' 오스카 4관왕 막전막후 … '박수칠 때 우리 문화예술 생태계 돌아봐야'", 〈신동아〉, 2020년 3월호.

새로운
테크놀로지가
만드는 세상

IT 선두주자들, AR · VR에 뛰어들다
메소드스튜디오, 구글, 페이스북, 디즈니

최규웅 미디어학부 3학년

'융합의 시대', 현재 21세기를 설명하는 단어이다. 비슷한 학문들 끼리의 융합은 물론이고 전혀 융합이 되지 않을 것 같은 학문들 간의 융합 또한 이뤄지면서 학문의 분야가 다양해지고 있는 요즘이다. 미디어 역시 그러한 융합의 흐름을 적극적으로 받아들이고 있는 분야 중 하나이다. 2015년 고려대학교에 입학할 당시의 미디어학부 커리큘럼과 불과 4년이 지난 2019년 미디어학부 커리큘럼을 비교해 보면 미디어 분야의 그러한 움직임을 확인해 볼 수 있다. 2015년 당시에는 저널리즘, 영상, 광고 등 순수 신문방송학에 중심을 둔 강의들이 많았다면, 2019년에는 미디어기술, 엔터테인먼트산업 등 순수 신문방송학보다는 기술·산업과의 융합을 바탕으로 한 강의들이 주를 이뤘다. 그중 나는 특히 현대 기술과 융합한 미디어에 대해 공부하고 싶어서 정윤혁 교수님의 〈미디어

217

기술〉수업을 한 학기 동안 수강하였다. 이 수업에서 기술이 어떻게 미디어와 융합하는지, 그리고 이를 통해 미디어에 어떤 영향력을 발휘하는지에 대해 공부할 수 있었다. 21세기의 미디어는 디지털 저널리즘digital journalism, 소셜미디어social media, AR·VR, 전자미디어computational media, OTT 등 수많은 기술과 융합된 모습을 보였다. 그중에서 AR·VR 기술과 미디어의 융합은 나에게 가장 인상 깊게 다가왔다.

역사적으로 인간의 커뮤니케이션 수단은 기술과 함께 발전해 왔다. 종이의 발명 이후 오랫동안 인간의 소통은 주로 종이를 매개로 이루어졌다. 이후 기술의 발전과 함께 컴퓨터와 인터넷이 발명되면서 주요 커뮤니케이션 수단은 오프라인에서 온라인으로 옮겨 갔다. 그리고 스마트폰이 발명되면서 우리의 소통 장소는 고정된 책상에서 세상의 모든 곳으로 확장되었고, 스마트폰은 인간에게 없어서는 안 되는 필수품으로 자리 잡게 되었다.

나는 정윤혁 교수님의 〈미디어기술〉수업을 수강한 이후 스마트폰이 인간에게 있어 결코 마지막 단계의 커뮤니케이션 수단은 아닐 것이며, 그다음 단계의 커뮤니케이션 흐름은 AR·VR로 이어질 것이라는 생각을 해보게 되었다. 이전에는 AR·VR 기술을 단지 엔터테인먼트적인 요소로만 생각했던 나는 수업을 통해 AR·VR 기술의 발전은 인간 간의 소통을 한 단계 더 발전시킬 수 있는 요소라고 생각을 바꾸었고, 그 기술들에 점차 관심을 갖게 되

AJ 미디어 루키스 프로그램을 준비하며.
프로그램 시작에 앞서 우리는 3번의 사전미팅을 가졌다.

었다. 나는 이번 AJ 미디어 루키스 프로그램을 통해 세계의 기술
과 트렌드를 이끄는 미국 실리콘밸리의 기업들은 AR · VR 분야에
대해 어느 정도의 기술들을 보유하고 있으며 어떠한 전략을 취하
고 있는지, 그리고 그 기술의 흐름은 장차 어디로 향할지 탐구하고
자 했고, 14일간의 여정을 AR · VR 기술 공부에 집중하며 보냈다.

AR · VR 기술이란 무엇일까?

AR과 VR 두 기술은 모두 실감미디어Immersive Media, 즉 실제로 존
재하지 않는 현실을 구현하고 인간이 이를 인지 · 감지할 수 있도
록 하는 기술들이지만, 두 기술의 기본적인 개념 및 작동방식은

완전히 다르다. 우선 AR에 대해 설명하자면, AR은 '증강현실 Augmented Reality'의 약자로 실재하는 상황과 허구적인 상황이 결합된 환경 및 조건을 구현하는 기술을 말한다(이재성·김주연, 2019). 즉, AR 기술은 현실 환경에 가상 이미지를 입히는 기술로 투명한 안경이나 핸드폰 카메라 렌즈를 통해 화면에 이미지를 구현하는 기술이다. AR 기술은 주로 현실 속 사용자를 보조하는 역할을 한다. 이에 반해 VR은 '가상현실Virtual Reality'의 약자로 실재하지 않는 상황이나 환경의 구현과 관련된 것이다. 즉, AR 기술과 달리 VR 기술은 헤드셋과 같은 밀폐된 기기를 착용하여 사용자가 현실에서 벗어나 완전한 가상의 공간을 체험하는 기술이다(전해영, 2019).

이 두 가지 기술은 초기에는 기술적 한계로 인해 실질적인 용도가 아닌 게임과 같은 엔터테인먼트 산업에 국한되었기 때문에 많은 기업의 주목을 받지 못했다. 그런데 스마트폰 시장이 오랜 시간 유지되면서 이제 대부분의 사람들이 스마트폰을 소유하게 되었고, 이에 따라 스마트폰 시장이 더 이상 발전하고 팽창하기 어려워졌다. 하드웨어 제조기업들에게는 기존의 서비스와는 다른 서비스를 제공하여 소비자로 하여금 다시 스마트폰을 구매하도록 하는 새로운 전략의 필요성이 대두되었다. 바로 그 전략으로서 하드웨어 제조기업들은 AR·VR 기술을 선택하게 되었다.

또한 2010년에 들어서면서 전반적인 과학기술의 발전과 함께 실감미디어 분야의 기술도 발전하며 세간의 주목을 얻게 되었다. 특히 2016년 AR 게임으로 전 세계적인 성공을 거뒀던 〈포켓몬 고 Pokémon GO〉의 성공 신화를 통해 영화, 게임, 교육 등 많은 분야에서 AR·VR 기술의 쓰임이 인정되며 다음 '돈방석'으로 인정을 받고 있다. 국방 분야에서는 VR 시뮬레이션을 통해 군사훈련이 이뤄지고 있으며, 공학 및 영화 분야에서 AR·VR 기술은 실제로 결과물을 생산하기 전 시나리오 테스트를 할 때 사용되어 비용 절감의 이점을 제공한다(김해석, 2018).

이와 더불어 기존 LTE보다 속도 측면에서 20배 빠르며 처리 용량은 100배 많은 5G(5세대 이동통신) 기술이 개발되면서 AR과 VR의 상용화를 가능하게 하는 기술적 환경 또한 마련될 것으로 보인다. 이에 따라 머지않아 AR·VR이 주도하는 세상이 올 것이라 예상하는 전문가들이 매우 많다. 애플의 CEO 팀 쿡Tim Cook은 한 매체와의 인터뷰에서 "AR은 우리에게 삼시세끼만큼이나 중요해질 것입니다"라고 주장하며 AR 기술의 중요성 및 상용화에 대해 역설하였으며, 페이스북Facebook은 가상미디어 기술에 투자하기 위해 VR 기술 전문기업인 오큘러스Oculus를 2014년에 인수하였다. 즉, 21세기의 트렌드를 이끄는 기업들이 떠오르는 AR·VR 기술의 주도권을 잡기 위해 본격적인 움직임에 나선 것이다. 우리 미디어 루키스는 로스앤젤레스와 샌프란시스코에 위치한 기업들을 방문하여 세계의 기술과 트렌드를 이끌고 있는 실리콘밸리의 기업들은 AR·VR 기술에 대해 어떻게 생각하며 어떠한 전략을 취하는지 알아보았다.

AR·VR 기술에도 한계가 존재할까?

가장 처음 방문하였던 메소드스튜디오에서 우리는 그곳의 선임 기술연구원으로 계시는 정일영 팀장님을 만나, 실리콘밸리에서의 AR·VR 기술에 대한 전반적인 이야기를 들을 수 있었다. 메소드스튜디오는 VFX^{Visual Effects}(시각효과)를 다루는 회사로 영화 및 게임에 적용되는 시각효과를 만들어 낸다. 마블의 〈닥터 스트레인지〉, 최근에 개봉한 〈포드 v. 페라리^{FORD v FERRARI}〉 등 우리가 영화관에서 즐겨 본 영화들의 시각효과를 담당한 회사이다.

메소드스튜디오는 이전에는 VFX 및 영화에만 집중하였지만, 이제는 시대적 흐름에 맞춰 AR·VR에도 투자를 하고 있다. 메소드스튜디오가 AR·VR에 본격적으로 투자하기 시작한 이유는 영화에 사용되었던 VFX 기술들을 가상현실을 제작할 때 재활용할 수 있어 가상현실을 보다 쉽게 구현해 낼 수 있기 때문이다. 또한 영화의 VFX 시장이 이전보다 작아졌기에 다른 분야로의 진출이 필요하기도 했다. 더불어 AR·VR의 하드웨어를 담당하는 업체들과 메소드스튜디오의 B2B^{Business-to-Business}가 가능했기에 메소드스튜디오도 AR・VR 시장에 뛰어들게 된 것이었다.

하지만 정일영 팀장님은 현재의 AR・VR 시장에 대해 마냥 긍정적인 평가를 내리지는 않았다. 우선 팀장님은 AR과 VR이 가지는 하드웨어적인 한계에 대해 말했다. 설명에 따르면 AR과 VR의 하드웨어가 가지는 가장 큰 한계점은 사람들끼리 공유를 할 수 없다는 것이다. 우리는 기존의 커뮤니케이션 및 미디어 수단이라고 할 수 있는 TV, 영화, 핸드폰, 하물며 종이까지 특정한 장비와 장소만 준비되어 있다면 여러 사람들과 함께 그 장비가 제공하는 콘텐츠를 볼 수 있으며 공유를 할 수 있다. 그러한 측면에서 기존의 장비들은 한 개의 장비만으로도 많은 사람들을 만족시킬 수 있다는 경제성을 가진다. 하지만 AR・VR의 경우 하나의 하드웨어에 대해서 그것을 이용하는 단 한 명의 사람만 그 효용을 누릴 수 있어 공유의 특성이 존재하지 않는다.

이와 더불어 AR・VR의 하드웨어 자체도 아직 기술적인 한계로 인해 다른 미디어 장치들에 비해 가격이 높아 경제적인 측면에서 일반 사용자들을 대상으로 한 시장이 형성되지 못하였다. 그나마 일반 사용자들을 대상으로 한 시장이 형성되어 있는 분야는 게임 분야지만, 질적인 측면에서 아직 완성되어 있지 않다는 문제점을 가지고 있다. 또한 AR과 VR이 가지는 이점은 어떤 장소를 직접 가지 않고도 편하게 경험할 수 있다는 것이지만, 이 역시 질적인 측면에서 아직 경쟁력을 확보하지 못했다.

AR・VR의 활용방안에 대해 질문했을 때, 정일영 팀장님은 적합한 활용방안에 대해서는 현재 아무도 모르고 있다고 답했다. 처음에는 많은 기업들이 AR이 아닌 VR에 중점을 두고 투자를 하였지만, VR이 가지는 하드웨어적인 한계가 컸고 짧은 사용시간에도 사용자에게 어지러움을 일으키곤 했다. 이로 인해 정일영 팀장님은 VR은 대기업들이 투자하지 않는 이상 곧 죽는 사업이라고 평가하며 VR보다 AR의 성장 가능성을 더 높게 평가했다. 그리고 그 활용방안에 대해서는 콘텐츠의 중요성을 역설하며 핵심 콘텐츠를 발견하는 사람이 돈방석에 앉게 될 것이라고 했다.

팀장님은 유튜브를 예시로 들면서 콘텐츠의 중요성에 대해 설명했다. 초기에 유튜브는 그저 일반인이 자신의 동영상을 공유하는 사이트로 시작하여 수익성이 없다고 판단되었지만, 시간이 흐르며 '유튜버'들이 이 매체에 적합한 콘텐츠를 찾아내면서 성공을 거두게 되었다. 또한 스마트폰도 초기에는 그 성장 가능성에 대해 부정적인 평가가 존재했지만, 스마트폰을 통해서만 이용할 수 있는 콘텐츠들이 만들어지고 인기를 얻으면서 이젠 현대인들에게 없어서는 안 되는 필수품이 되었다. AR과 VR 기술 역시 현재로서는 하드웨어적인 한계, 비용적인 한계, 그리고 핵심 콘텐츠의 부재라는 한계가 존재한다. 하지만 이러한 한계들을 극복할 수 있는 AR・VR만의 콘텐츠가 개발된다면 그 콘텐츠의 필요성에 의해 AR・VR은 스마트폰과 같은 성공을 거둘 것이며 그로부터 상용화

미디어 루키스, 메소드스튜디오를 방문하다!
선임 기술연구원 정일영 팀장님을 만나 AR · VR뿐만 아니라
실리콘밸리에 관한 전반적인 설명을 들을 수 있었다.

가 이루어질 것으로 예상된다.

　AR・VR을 차세대 커뮤니케이션 수단으로서 마냥 긍정적으로만 평가하고 있었던 나는 정일영 팀장님과의 대화를 통해 생각을 한 번 더 바꾸게 되었고, AR과 VR이 가지고 있는 한계점들과 콘텐츠의 중요성에 초점을 맞추었다. 팀장님과 나눈 대화는 이후에도 우리가 다른 기업들을 방문하여 AR・VR 기술과 전략을 바라볼 때 정확하고 비판적인 시각을 유지할 수 있게 도와주었다. 이를 바탕으로 AJ 미디어 루키스 프로그램을 통해 방문하였던 구글, 페이스북, 그리고 디즈니와 같은 기업들이 AR・VR 시장을 공략하기 위해 선택한 전략들에 대해 비판적으로 평가를 해보고자 노력하였다.

세계 최고의 검색엔진 구글의 AR・VR

구글은 실리콘밸리에 위치한 기업들 중 AR・VR 기술이 가장 앞서 있는 기업으로, AR・VR 기술이 관심을 받기 시작할 때 발 빠르게 실감미디어 기술에 다가섰다. 구글은 2012년 인터넷과 카메라 등을 이용할 수 있는 구글 글라스Google Glass를 출시하면서 AR・VR 기술에 대한 본격적인 투자를 시작하였다. 구글 글라스를 시작으로 구글은 데이드림Daydream, 카드보드Cardboard, 틸트브러

쉬Tilt Brush, AR코어AR Core 등 AR·VR 기술을 담은 제품들을 적극적으로 생산하였다.

구글의 VR 기술을 담은 대표적 제품들에 대해 설명을 하자면, 구글 카드보드는 골판지 상자와 어안렌즈 2개, 그리고 스마트폰만으로 간단하고 저렴하게 360도 가상현실을 경험할 수 있게 하는 VR 제품이다. 구글은 1~2천 원 하는 상자를 정해진 방법대로 접어서 그 상자에 스마트폰만 끼우면 가상현실을 경험할 수 있는 이 제품을 출시함으로써 "가상현실은 접하기 어렵고 비싸다"라는 편견을 깨고자 했다. 구글의 데이드림은 카드보드에 이어 2016년 출시된 두 번째 VR 제품이다. 카드보드와 마찬가지로 데이드림 또한 비교적 저렴한 가격의 제품으로, 스마트폰을 헤드셋에 끼우면 가상현실을 체험할 수 있게 된다. 카드보드와 달리 안드로이드와 협력하여 안드로이드 자체에서 서비스를 제공하였으며 카드보드보다 더욱 고차원적인 이미지들을 제공하였다. 하지만 데이드림은 소비자들과 개발자들에게 많이 이용되지 않았고, 결국 구글은 2019년 10월 데이드림 기기를 더 이상 시장에 제공하지 않기로 했다.

구글의 AR 제품으로는 AR코어가 대표적이다. 구글 AR코어는 전문인들의 영역으로만 여겨졌던 AR 기술을 일반인들도 사용할 수 있게 하는 서비스로, 일반인들이 직접 AR 콘텐츠를 구현할 수 있도록 만든 AR 키트kit이다. 이외에도 구글은 AR 기술을 사용하

구글 본사를 방문한 미디어 루키스. 구글의 현재와 미래를 확인할 수 있는 시간이었다.

여 카메라를 통해 글자나 문장을 비추면 검색을 해주는 구글 렌즈
Google Lens, 스마트폰 화면상에 동·식물부터 나사NASA의 탐사선
까지 이용자가 원하는 이미지를 평면 위에 띄울 수 있는 구글 서치
Google Search, 그리고 AR 기술을 통해 보다 생생하고 정확하게 길
을 알려줄 수 있는 구글 맵Google Maps까지 실생활에 적용할 수 있
는 AR·VR에 대하여 많은 투자를 하고 있다. 이와 더불어 구글은
AR·VR 기술을 자신들의 네트워크 플랫폼인 유튜브에 적용하여
사용자가 360도 비디오를 통해 더욱 몰입감 있게 유튜브의 콘텐츠
를 볼 수 있게 하는 '유튜브 VR'과 유튜브 크리에이터creator들을 위

한 'VR180 크리에이터'를 제공한다.

구글이 제공하는 AR·VR 제품들을 분석해 보면, 구글은 실감 미디어는 접하기 어렵다는 편견을 깨고자 AR·VR 기술의 상용화에 집중하면서 사용자들이 언제 어디서나 쉽게 가상현실을 즐길 수 있는 제품과 콘텐츠 제작에 중점을 둔 것을 알 수 있다. 구글은 자신들이 기존에 제공하던 여러 서비스가 사용자의 일상생활에 녹아든 점에 착안하여 AR·VR 기술들 또한 일상생활에서 쉽게 사용할 수 있게 만들었다. 쉽게 구할 수 있는 카드보드지로 이용하는 구글 카드보드, 그리고 구글 서치와 구글 맵 등을 통해서 그들의 전략을 파악할 수 있다. 하지만 AR이 아닌 VR의 측면에서는 메소드스튜디오의 정일영 팀장님이 말했듯이 적절한 콘텐츠의 부재로 인하여 구글 데이드림처럼 기기 생산을 중단할 수밖에 없었다는 한계도 보여 줬다.

SNS의 선두주자 페이스북의 AR·VR

현재 세계에서 가장 많은 사용자를 보유하고 있는 SNS인 페이스북 또한 AR·VR에 본격적인 투자를 시작하였다. 2014년 페이스북은 가상현실 하드웨어와 소프트웨어 제품을 전문으로 제작하는 오큘러스 VR을 23억 달러에 인수하면서 AR·VR 시장 장악에 대한 자신들의 의지를 보여 주었다. 페이스북의 설립자이자 현 CEO인 마크 주커버그Mark Zuckerberg는 '개발자 컨퍼런스 F8'에서 스마트폰의 종말을 선언하며 스마트폰의 자리를 AR·VR이 대체할 것이라고 주장하였다(ROAD TO VR, 2019. 2. 14.). 또한 주커버그는 페이스북의 경영진들에게 보내는 이메일에 AR·VR이 차세대 플랫폼이 될 것이라며 AR·VR에 주력할 것을 당부하였다.

이와 같이 AR·VR에 주목하는 페이스북은 비록 현재는 서비스를 중단하였지만 VR 기기를 통해 최대 3명의 친구를 초대하여 자신이 만든 아바타avatar를 통해 소통할 수 있는 '페이스북 스페이스Facebook Space'를 선보이기도 했다. 그리고 2019년 9월 페이스북은 페이스북 스페이스의 발전된 버전인 '페이스북 호라이즌Facebook Horizon'을 발표하며 AR·VR이 가지는 커뮤니케이션 속성에 집중 투자를 하고 있다. 페이스북 호라이즌은 페이스북이 제작한 '가상현실 샌드박스 세계'로, 그 세계 안에서 사용자는 아바타를 형성하여 자신만의 환경과 게임을 즐길 수 있으며 다른 사용자들과 만나 사회화를 이룰 수도 있다.

이와 더불어 페이스북은 최근 유행했던 '스노우SNOW' 및 다수의 사진촬영 앱들이 제공하는 사진 필터 효과와 비슷한 기능의 '페이스북 카메라 이펙트Facebook Camera Effects', 그리고 VR 서비스를 제공하는 '페이스북 서라운드360Facebook Surround 360'을 출시하였다.

이 밖에도 AR 서비스를 제공하는 'AR글라스AR Glass'와 3D 형식

페이스북이 제공하는 가상현실 세계, 페이스북 호라이즌.
출처: YouTube Oculus 채널, "Welcome to Facebook Horizon"

의 지도인 '라이브맵Live Map' 또한 출시 예정이다. AR·VR 제품 및 서비스 제공과 더불어 페이스북은 리얼리티 랩Reality Labs을 만들어 AR·VR 기술 자체에 대한 연구도 활발하게 진행하고 있다.

페이스북은 구글과 비슷한 AR글라스 및 라이브맵을 제공할 예정이지만, 페이스북이 AR·VR 기술과 관련하여 취하는 전략은 구글의 전략과는 근본적으로 다르다고 평가할 수 있다. 페이스북은 SNS를 대표하는 기업답게 소셜네트워킹social networking에 포커스를 맞춰 AR·VR 기술을 취급한다. 페이스북은 마크 주커버그의 예상을 따라 AR·VR을 새로운 커뮤니케이션 수단으로 바라본다. 페이스북은 기존에 주로 문자, 사진, 동영상으로 이뤄졌던 2차원적인 소통을 AR·VR 기술을 사용하여 최종적으로는 3차원적인 소통으로 발전시키고자 한다. 페이스북은 이러한 목표를 이루기 위해 그동안 페이스북 스페이스, 페이스북 카메라 이펙트 등의 서비스를 제공해 왔던 것이다.

페이스북이 이와 같이 AR·VR의 커뮤니케이션적인 측면에 집중을 하는 첫 번째 이유는 자신들의 강점인 소셜네트워킹 서비스를 최대한 이용하려는 전략을 선택했기 때문이다. 현재 페이스북 사용자들이 모두 페이스북이 제작한 AR·VR 커뮤니케이션 디바이스를 사용하게 된다면 페이스북은 AR·VR의 상용화를 누구보다 빠르게 이룰 수 있는 힘을 가지게 될 것이며, 인류의 커뮤니케이션 수단은 스마트폰에서 AR·VR로 이동하게 될 것이다.

또한 페이스북은 애플과 구글에 비해 상대적으로 취약한 부분들을 극복하기 위해 이와 같은 전략을 취하였다. 마크 주커버그가 페이스북의 경영진들에게 보낸 이메일에 따르면, 현재 스마트폰이 주요 커뮤니케이션 디바이스인 상황에서 애플과 구글은 직접 모바일 플랫폼을 제공하지만 페이스북은 플랫폼을 생산하지 않고 오직 그에 부속적인 서비스를 제공할 뿐이다. 이 때문에 페이스북 입장에서는 세계 플랫폼 시장에서 애플과 구글에 밀려 큰 영향력을 발휘하기가 어렵다는 것이다. 그래서 페이스북은 스마트폰 환경에서 가질 수밖에 없는 한계를 극복하기 위해 새로운 서비스가 아닌 새로운 '플랫폼'을 제공하려는 전략을 선택하였고, 그 전략이 바로 AR · VR에 대한 투자이다. 구글과 마찬가지로 페이스북 또한 자신들의 강점과 현재 처한 상황을 적극적으로 반영한 전략을 취한 것이다.

어린이들의 천국 디즈니의 AR · VR

디즈니도 페이스북과 구글처럼 자신의 강점을 이용하여 적극적으로 AR · VR 기술에 투자하고 있다. 자신들의 오랜 전통을 간직하고 있는 월트디즈니스튜디오에 설립되어 AR · VR 기술을 포함한 최신 IT 기술들을 연구하는 스튜디오랩StuidoLAB은 그들만의 AR ·

VR 기술을 향한 적극적인 자세를 보여 준다.

〈겨울왕국〉, 〈라이온 킹〉, 〈스타워즈〉 등의 콘텐츠와 픽사 등의 제작사를 보유하며 콘텐츠 시장에서 따라올 자가 없는 디즈니는 스튜디오랩에서 연구하는 기술들을 다른 기업들처럼 일상생활 및 커뮤니케이션에 사용하는 것이 아닌, 콘텐츠 연구 및 발전에 활용하고 있다. 디즈니는 이러한 전략에 따라 AR·VR 기술을 이용하여 자신의 콘텐츠를 이용자에게 더욱 생생하게 전달하는 것에 집중한다. 1994년 개봉하여 전 세계적인 인기를 얻었던 〈라이온 킹〉은 2019년 VR 기술을 통해 애니메이션 캐릭터들의 실사화를 이뤄 내면서 재개봉하였다. 또한 디즈니는 AR·VR 기술을 활용해 '짧은 영화short films'를 제작해 왔으며 2019년에는 가장 최신의 VR 기술을 이용하여 〈Myth: A Frozen Tale〉을 제작하였다. 디즈니는 전 세계적으로 인기를 끌고 있는 〈스타워즈〉의 스토리에도 VR 기술을 도입하여 이용자가 헤드셋을 착용하면 마치 자신이 〈스타워즈〉의 주인공이 되어 이야기를 이끌어가는 느낌을 받게 하는 콘텐츠를 개발하기도 했다.

디즈니는 콘텐츠 자체를 통한 수익뿐만 아니라 콘텐츠들을 기반으로 한 디즈니랜드 테마파크를 통해 수익을 창출하고 있으며, 그러한 디즈니랜드에도 AR·VR 기술을 적용하고 있다. 디즈니의 CEO 로버트 아이거Robert Iger는 2017년, "디즈니랜드의 AR·VR 콘텐츠를 본격적으로 제작할 것"이라고 발표하였다(*TechRadar,*

2017. 3. 31.). 아이거는 *LA Times*와의 인터뷰를 통해, "매주 화요일 점심마다 디즈니의 공학연구실에서 VR용 헤드셋을 착용하고 디즈니랜드에 적용할 수 있는 AR·VR 기술 연구에 직접 참여한다"고 밝히며 AR·VR 기술에 대한 열정을 드러내기도 하였다. 그는 특정한 공간에서만, 그리고 특정한 기기를 통해서만 디즈니의 콘텐츠를 즐길 수 있는 VR 기술에서 멈추지 않고, AR 기술을 더욱 발전시켜서 디즈니랜드의 모든 고객들이 공간의 제약을 받지 않고 자유롭게 즐길 수 있는 AR 콘텐츠를 만들어 내겠다는 포부를 밝혔다. 디즈니랜드에 적용하는 실감미디어 이외에도 디즈니는 페이스북과 연계하여 디즈니 캐릭터들을 핸드폰 카메라를 통해 이용자의 얼굴 위에 입힐 수 있는 AR 콘텐츠, 그리고 캐릭터들의 의상을 AR을 통해 입어볼 수 있는 콘텐츠를 개발하는 등 철저하게 자신들이 보유한 캐릭터와 스토리에 기반을 둔 AR·VR 콘텐츠에 투자하고 있다.

디즈니는 2019년 여름 애너하임에서 열렸던 D23을 통해 자신들이 만들어 낸 AR·VR 콘텐츠들을 공개하였다. D23에 참석할 기회가 생긴 우리는 디즈니의 AR·VR 콘텐츠들을 직접 경험해 볼 수 있었다. 우리는 세계적인 인기를 끌었던 〈라이온 킹〉, 〈겨울왕국〉 등에 나오는 음악들을 기반으로 한 뮤지컬들을 보여 주는 'VR 영화관VR Theatre'을 체험하였다. 이곳에서 약 3분간 헤드셋을 착용하며 VR 기술을 통해 실제 뮤지컬 배우들이 마치 내 눈앞에서 공연을 하는 것과 같은 경험을 할 수 있었다. 이 콘텐츠는 가상 공간이라는 이점을 활용하여 〈겨울왕국〉 엘사Elsa 역의 배우가 얼음을 쏘는 모습 등을 특수 시각효과로 연출하기도 하였다. 하지만 기대와는 달리 VR 영상의 품질이 좋지 못했고, 무거운 헤드셋으로 인해 짧은 시간 착용하였음에도 목이 굉장히 불편했던 점 때문에 아직 기술 및 하드웨어적인 측면에서 디즈니가 제공하는 AR·VR 콘텐츠가 상용화되기는 어렵다는 것을 느끼기도 하였다.

세 기업의 AR·VR 기술 및 전략을 분석하면서 느낀 점은, 동일한 기술임에도 불구하고 각 기업들이 AR·VR을 통해 목표하는 바가 자신들이 가지고 있는 강점에 따라 모두 다르며 각자 취하는 전략 또한 매우 상이하다는 점이다. 가상현실산업 생태계를 구성하는 세 가지 축인 하드웨어, 소프트웨어(콘텐츠), 그리고 네트워크 플랫폼의 측면에서 이들이 각자의 이점을 토대로 AR·VR 시장을 장악하고자 하는 느낌을 받았다. 언제 어디서나 쉽게 사용할 수 있어 일상생활에 깊게 스며들 수 있는 기술로서의 '구글 AR·VR', 차세대 커뮤니케이션 디바이스이자 자신들을 다음 플랫폼 리더로 이끌 수 있는 기술로서의 '페이스북 AR·VR', 자신들의 강점인 콘텐츠를 이용자들이 더욱 생생하고 능동적으로 이용할 수 있게 하는 기술로서의 '디즈니 AR·VR'. 세 기업들은 기존 자신들의 기업 정체성을 고려하여 그에 가장 적합한 방법으로 AR·VR 기술을 사용하는 전략을 취하며, 이러한 각자의 전략을 통해

애너하임에서 열린 D23을 방문한 미디어 루키스.
디즈니 콘텐츠에 기반을 둔 여러 행사들을 체험할 수 있었다.

현재의 AR·VR 시장을 이끌고 있다. 하지만 정일영 팀장님의 말처럼, 세계의 트렌드를 이끌어가는 세 기업임에도 불구하고 아직까지 이 기업들이 제공하는 AR·VR 서비스는 상용화되지 않았으며, 직접 경험해 본 결과 하드웨어 및 콘텐츠의 측면에서 완벽하지 못하다는 느낌을 받았다.

그렇다면 우리나라의 AR·VR 기술은?

철저하게 자신들의 강점을 활용한 전략을 취하는 해외 기업들의 AR·VR에 대한 접근과 비교하여 우리나라의 기업들은 AR·VR 기술에 대해 어떠한 전략을 취하고 있으며 어느 정도의 발전을 이뤘을까?

현재 우리나라에서 가장 활발하게 AR·VR에 투자를 하는 기업은 SK텔레콤이다. SK텔레콤은 2020년부터 '데이터 완전 무제한 5G'를 정규요금제로 제공하는 통신사로, SK텔레콤의 5G 기술은 이용자들에게 AR·VR 서비스를 제공함에 있어 더 나은 품질과 더 빠른 속도 등의 경쟁력을 제공할 것으로 예상이 된다. 이에 따라 SK텔레콤은 '점프AR Jump AR', '점프VR Jump VR', 'AR동물원 서비스', 'AR멤버십', '해리포터AR'과 같은 AR, VR, AI Artificial Intelligence 등의 최첨단 ICT가 융합된 5G 서비스를 제공할 예정이다.

점프VR은 아이돌 공연, 웹툰, 영화, 스포츠 경기 등을 VR을 통해 볼 수 있는 서비스이며, 점프AR은 어린 아이들이 앱 속의 동물 캐릭터들과 게임을 하는 등의 다양한 AR 콘텐츠를 제공하는 서비스이다. 점프VR과 점프AR은 출시 약 40일 만에 앱 설치 70만 건을 돌파하는 모습을 보이면서 실감미디어의 대중화를 이끈다는 평가를 받기도 하였다.

SK텔레콤은 요즘 인기가 부쩍 많아진 게임산업에도 AR·VR을 적용함으로써 AR·VR 시장과 게임 시장을 함께 장악해 나가고자 한다. 자신이 좋아하는 LOL팀을 응원하며 메시지를 주고받을 수 있는 '5G LOL파크', LOL 챔피언스 코리아LCK 경기를 경기장 VIP석에서 보는 듯한 느낌을 주는 'LCK VR 현장생중계', 경기 하이라이트를 VR 기술을 통해 실감나게 재시청할 수 있는 'VR리플레이VR Replay' 등은 SK텔레콤이 현재 게임 시장에서 제공하고 있는 실감미디어 서비스들이다(〈뉴스웨이〉, 2019. 7. 26.).

SK텔레콤은 또한 페이스북과 같이 AR·VR이 차세대 커뮤니케이션 수단이 될 것이라고 예상하며 AR·VR이 가지는 커뮤니케이션 속성에 주목해 그에 맞는 서비스를 제공한다. SK텔레콤이 제공하고자 하는 서비스는 점프VR 속의 '5G 버추얼소셜월드Virtual Social World'로, 페이스북 호라이즌과 비슷하게 가상의 공간에서 자신의 아바타를 생성하고 꾸미며 친구들과 함께 다양한 활동을 할 수 있는 서비스이다.

하지만 SK텔레콤의 AR·VR 전략에는 한계점도 존재한다고 생각한다. SK텔레콤이 제공하는 '5G 버추얼소셜월드'가 과연 세계에서 가장 많은 SNS 이용자를 보유하고 있으면서 비슷한 서비스를 제공하는 페이스북 호라이즌과의 경쟁에서 우위를 점할 수 있을지는 미지수이다. 또한 SK텔레콤 자체적으로 제작하는 하드웨어가 없기 때문에 AR·VR 시장에서의 경쟁력 확보가 다소 어려울 수 있다는 생각을 하게 되었다.

AR·VR 기술에 활발하게 투자하는 또 하나의 국내 기업은 삼성이다. 삼성은 2014년 오큘러스와 손을 잡으면서 '기어VR' 제품을 출시하였다. 기어VR은 구글 데이드림과 비슷한 방식으로 삼성 갤럭시 스마트폰을 VR 헤드셋에 꽂아서 사용하는 형태이다. 기어VR은 2016년에 450만 대 이상 팔리면서 경쟁사들에 비해 앞서가는 모습을 보였다. 오큘러스와의 협력뿐만 아니라 삼성은 마이크로소프트Microsoft와 손을 잡으면서 VR과 AR이 동시에 구현되는 MRMixed Reality(혼합현실) 기반의 헤드셋인 '오디세이Odyssey' 시리즈를 출시하기도 했다. MR은 무거운 디바이스가 필요 없는 AR의 장점과 높은 몰입감을 제공하는 VR의 장점을 결합한 기술로, 현실과 가상을 결합하여 현실에 가상의 객체들이 공존하는 새로운 환경을 구성하는 기술을 의미한다(이자연, 2019). 삼성의 오디세이는 마이크로소프트와의 협업을 통해 만들어 낸 혁신적인 제품이라는 평이 존재하지만, 여전히 오디세이를 통해서 활용할 수 있는 콘텐츠가 적다는 점, 그리고 다른 하드웨어들에 비해선 무게가 무거워 장시간 이용이 불편하다는 점 등의 한계 역시 존재한다.

삼성은 또한 네트워크 플랫폼으로 '삼성VR닷컴'을 운영하고 있다. 하지만 그 경쟁력에 있어 유튜브라는 네트워크 플랫폼을 보유한 구글, 그리고 네트워크 플랫폼 그 자체인 페이스북에게 현재로서는 상대가 되지 않는 것이 삼성 네트워크 플랫폼의 현주소이다. 이와 더불어 삼성은 소프트웨어 영역에서 다른 기업들과 달리 자체적으로 제공하는 콘텐츠가 없다는 한계점을 가진다. 하드웨어, 소프트웨어, 그리고 네트워크 플랫폼의 영역에서 모두 강세를 보이는 해외 기업들과 달리 오직 하드웨어의 영역에서만 어느 정도의 영향력을 행사하고 있는 삼성인 것이다.

삼성과 SK텔레콤 외에도 우리나라의 여러 대기업들, 그리고 중소기업들이 AR·VR 시장에 뛰어들면서 AR·VR에 대한 활발한 투자가 이어지고 있다. 하지만 각 기업들의 AR·VR 시장 전략을 분석해 본 결과, 구글, 페이스북 등의 기업과는 달리 실감미디어산업 생태계의 세 가지 축인 하드웨어, 소프트웨어, 그리고 네트워크 플랫폼을 모두 보유한 기업은 없는 듯했다. 삼성은 약한 네트워크 플랫폼 및 소프트웨어의 부재, SK텔레콤은 하드웨어의 부재, 이외의 여러 중소기업들은 세 가지 축 중 한 가지 축에만 집중하고 있는 모습을 보며 지금의 우리나라 AR·VR 시장은 해외의 거대 기업들이 주도하는 시장에 비하면 상대적으로 밀린다는 생각을 하게 되었다. 우리나라의 AR·VR이 성공을 거두기 위해서는 AR·VR의 하드웨어 기술을 보유한 기업, 콘텐츠 기술을 보유한 기업, 그리고 네트워크를 보유한 기업들 간의 협업이 적극적으로 이뤄져야 한다. 이러한 기업들의 협업이 이뤄져야만 미국 실리콘밸리의 거대 기업들에 대항할 수 있는 기술력과 콘텐츠를 확보할 수 있을 것이다.

무엇보다도, 우리나라의 AR·VR이 세계시장에 통하기 위해서는 정일영 팀장님이 얘기했듯 최종적으로 AR·VR의 상용화를 이끌어 낼 수 있는 적합한 콘텐츠 찾기에 가장 힘을 써야 할 것이다. 앞서 말한 것처럼 세계 최고의 검색엔진으로서 막대한 데이터를 확보하고 있으며 유튜브라는 플랫폼을 보유한 구글과, 현재 가장 앞서 나가고 있는 VR 하드웨어 업체를 보유하고 있으며 인스타그램Instagram을 포함하여 세계에서 가장 많은 SNS 이용자를 보유한 페이스북에게 우리나라의 AR·VR이 각종 기술적인 측면에서 밀리는 것은 사실이다. 하지만 이 두 기업 역시 아직 AR·VR의 상용화를 이뤄 낼 수 있는 콘텐츠는 개발하지 못하였으며, 기술적인 차이는 시간이 지나면 얼마든지 극복할 수 있다고 생각한다. 결국 콘텐츠를 잡는 사람이 AR·VR 시장을 장악할 수 있는 힘을 갖게 될 것이다.

AR·VR 시장은 2010년에 들어서 관심을 받기 시작했으며 2016년이 되어서야 본격적으로 활발해진, 아직 개척되지 않은 초기의 시장이다. 아직 개척되지 않은 분야이기에 그 발전의 정도와 방향을 예상할 수 없으며, 그렇기 때문에 누구나 그 발전의 주체가 될 수 있다고 생각한다. 5년 전까지만 해도 수익성이 없다고 판단되었던 유튜브를 성공하게 만든 유튜버들 같이 현재의 트렌드를 이끌어 가는 젊은 세대가 결국 그 발전의 주체가 될 것이라고 정일영 팀장님은 말했다. 콘텐츠 제작에 있어 정답은 명확히 정해져 있는 것이 아니다. 개인이 가지고 있는 취향을 바탕으로 창작을 하면 그것이 곧 새로운 아이디어, 새로운 콘텐츠가 되는 것이다. 즉, 특별한 전문지식 없이도 누구나 AR · VR 분야의 콘텐츠 크리에이터가 될 수 있다. 그리고 정일영 팀장님은 AR · VR 시장은 전 세계적으로 모두 같이 출발하는 시장이기에 미국 학생이든, 유럽 학생이든, 한국 학생이든, 고학력자든, 저학력자든 그저 자신의 콘텐츠와 비전만 있다면 그 출발점에 있어서 차이가 없다는 점을 강조했다.

AJ 미디어 루키스 프로그램을 다녀오며

AJ 미디어 루키스 프로그램을 통해 학교 강의실에서 수업으로만 접했던 실리콘밸리의 여러 기업들을 직접 방문하고, 그곳의 실무자들과 이야기해 보는 기회를 가질 수 있었다. 이를 통해 우리가

나의 꿈의 직장 구글. 기다려라! 구글에서 언젠간 일할 나의 모습을 꿈꾸며.

강의실에서 듣고 토론한 내용들이 실무에서는 어떻게 적용되며, 실무와 이론은 어떻게 다른지 자세히 알 수 있었다. 마냥 AR·VR 기술을 낙관적으로 파악하고 있던 나는 AR·VR 기술이 가지고 있는 한계들과, 그 한계들을 극복하기 위해 세계의 천재들은 어떻게 대응을 하는지에 대해 배울 수 있었다. 또한 정일영 팀장님의 조언을 통해 AR·VR을 차세대 커뮤니케이션 디바이스로 이끌 천재는 무조건 특별한 사람이 아닌 우리와 같은 일반인이 될 수도 있다는 희망을 가지게 되어, 나 역시 세상의 발전에 기여를 할 수 있다는 자신감을 얻을 수 있었다. "최초가 아닌 최고가 되어야 한다." 정일영 팀장님이 말한 것처럼 비록 현재 나와 같은 대학생들은 AR·VR 기술의 최초가 되지는 못하였지만, 언젠가는 최고가 될 수 있다는 자신감과 꿈을 가지고 있다면 그 꿈은 마냥 현실감 없는 공상이 아닐 것이라고 생각한다.

'대상이 무엇이든 그것에 대한 열정, 깊이, 그리고 즐기는 마음만 있다면 어떠한 것이든 학문이 될 수 있다.' 14일간의 여정 동안 여러 전문가들을 만나면서 들었던 생각이다. AJ 미디어 루키스 프로그램은 큰 열정 없이 그저 주어진 공부만 하는 학생이었던 나에게, 그들처럼 나도 한 분야에 대해 열정을 갖고 인생을 살아가면 그 분야에서만큼은 그들과 같이 영향력을 행사할 수 있는 사람이 될 수 있다는 꿈과 자신감을 선물해 주었다.

더 생각해 보기

1 VFX를 중심으로 할리우드 협업구조의 미래를 생각해 봅시다.

2 AR, VR, XR 테크놀로지를 적용할 수 있는 다양한 사례들에 대해 토론해 봅시다.

3 새로운 테크놀로지가 선도하는 미래 콘텐츠산업에서 창의성이란 과연 무엇일까요?

참고문헌

김해석(2018), "VR/AR산업 현황 및 전망", 정보통신산업진흥원, 44: 2.
〈뉴스웨이〉(2019. 7. 26.), "SKT, 5G 독점 AR·VR 서비스 3종 출시".
삼성전자 뉴스룸(2018. 3. 8.), "'글로벌 IT 공룡'들의 가상현실 사업 전략".
이자연(2019), "가상증강현실(AR·VR) 산업의 발전방향과 시사점", 〈KIET 산업경제〉, 40~41.
이재성·김주연(2019), "VR과 AR 기술 콘텐츠 사례에 나타난 몰입감과 현실감의 특성에 관한 연구", 〈한국실내디자인학회 논문집〉, 28(3): 14.
전해영(2019), "국내외 AR·VR 산업 현황 및 시사점", 현대경제연구원, 17-14: 1.

ARchy(2019), "The History of AR and VR", ARchy Medium 계정.
Blooloop(2018. 11. 1.), "Disney Develops Augmented Reality Costumes".
DIGIDAY(2018. 9. 4.), "VR, AR and AI: Inside The Walt Disney Studios' New 20-person R&D Lab".
Oculus, "Facebook Horizon".
ROAD TO VR(2019. 2. 14.), "Leaked Zuckerberg Email Reveals Facebook's XR Strategy, 'Our goal is not only to win, but to accelerate its arrival'".
TechRadar(2017. 3. 31.), "Disney Is Looking to Add AR Technology to Its Theme Parks".
VentureBeat(2019. 11. 7.), "Disney Brings Frozen 2 into VR with Myth: A Frozen Tale Short Film".
WIRED(2019. 7. 18.), "Disney's New Lion King Is the VR-Fueled Future of Cinema".

게임을 넘어서 미래 미디어를 만나다

UC어바인

박재영 미디어학부 3학년

"게임 좀 그만해라!" 누구나 학창시절 한 번쯤은 들어봤을 법한 잔소리다. 나도 게임을 워낙 좋아하는 오빠를 둔 덕에 엄마와 오빠가 게임 때문에 다투는 모습을 자주 보면서 자랐다. 부모님들이 게임을 못하게 막는 가장 큰 이유는 게임이 공부에 방해가 된다고 생각하기 때문이다. 게임과 공부는 어떤 과정을 통해 과제를 해결하는 것을 목적으로 한다는 점에서 공통점을 지닌다. 그러나 차이점은 게임은 재미있고 공부는 재미가 없다는 것이다. 게임은 게임 안의 세상에서 자신이 한 행동에 대한 즉각적인 보상을 얻을 수 있다. 예를 들어 몬스터를 잡으면 새로운 아이템을 얻거나 레벨이 오른다. 따라서 게임을 하는 동안 끊임없이 게임을 계속해야 하는 동기를 부여받는 것이다. 한편, 공부를 통해 어떤 성과를 얻기 위해선 끈기가 필요하다. 즉각적인 보상보다는 반복되는 노력 끝에 개념의 이해 혹은 좋은 점수라는, 그 형태조차 불명확한 보상을 얻을 뿐이다. 그렇기에 자연스럽게 학생들은 공부보다 게임에 끌린다. 지금껏 한국 사회에서 게임과 공부는 양극단에 놓여 공존할 수 없는 것들처럼 여겨졌다.

게임과 공부는 정말 공존할 수 없는 것일까? 이런 고민을 이어오던 나에게 게임과 공부가 공존할 수 있다는 것을 보여 준 '학교'가 있다. 바로 미국 캘리포니아 어바인에 위치한 UC어바인이다. 이번 AJ 미디어 루키스 프로그램을 통해 캘리포니아에 위치한 이 남다른 학교, UC어바인에 직접 다녀올 수 있었다. UC어바인에서 공부의 대상으로 바라본 게임은 창의적인 인터랙티브interactive 콘텐츠를 기반으로 사람과 사람을 매개한다는 측면에서 새로운 미디어라 할 수 있다. 그렇다면 새로운 테크놀로지를 바탕으로 한 게임 커뮤니케이션의 미래는 결국 무엇과 맞닿게 될까? VR, AR, XReXtended Reality (확장현실) 이라고 불리는 미디어기술과 관련하여 시사하는 바는 무엇일까?

게임을 잘하면 장학금을 주고,
학교에 PC방이 있다고?

캘리포니아의 명문 주립대 중 하나인 UC어바인에 다니는 학생들은 오히려 게임을 잘하면 칭찬을 받는다. 이는 UC어바인에 있는 특별한 제도 때문이다. 바로 게임을 잘하면 장학금을 주는 것이다. 그러나 게임을 잘하는 모든 학생들에게 장학금을 주는 것은 아니다. 어떤 학생이 장학금을 받는가를 이해하기 위해선 우선 미국 대학의 스포츠 문화를 이해해야 한다.

미국은 대학스포츠를 굉장히 중시한다. 한국에서도 '고연전'과 같은 대학 간 스포츠 대항전이 이뤄지고는 있지만 미국의 대학스포츠는 이와는 차원이 다른 인기를 자랑한다. 미국의 대학스포츠는 프로스포츠에 뒤지지 않는 전국적인 관심을 받는다. 따라서 대부분의 명문대학교는 특정 종목에 대해 학교를 대표하는 스포츠팀을 가지고 있다. UC어바인 역시 학교를 대표하는 스포츠팀이 있다. 바로 〈오버워치Overwatch〉 e스포츠팀이다. 미식축구팀, 농구팀을 내세우는 다른 학교와 달리 UC어바인은 e스포츠라는 독보적인 종목에서 학교를 대표하는 프로팀을 양성하고 있다. 그리고 이 프로팀이 바로 UC어바인에서 장학금을 받는 게이머들이다.

UC어바인은 장학금뿐만이 아니라 학교 시설로도 게이머들을 든든히 지원하고 있다. 미식축구팀을 위해서 운동장이 필요하다면, 〈오버워치〉팀을 위해선 대형 모니터와 성능 좋은 키보드, 마우스, 컴퓨터가 필요하다. 이런 그들을 위해 UC어바인은 미국 대학 중 최초로 교내 'e스포츠 아레나Esports Arena'를 만들었다. e스포츠 아레나는 한국의 PC방 같은 공간이었다. 한국에서는 길을 가다 보면 정말 쉽게 PC방을 찾을 수 있다. 그러나 미국에서 2주를 보내는 동안 길거리에서 PC방을 찾기란 쉽지 않았다. 따라서 UC어바인은 교내에 PC방과 같은 공간을 만들어 많은 학생들이 게임을 하며 시간을 보낼 수 있게 했고, 프로팀이 이 아레나를 자신들의 연습 공간으로 이용할 수 있도록 지원하고 있다.

우리가 아레나를 방문했을 때도 꽤 많은 학생들이 게임을 하고 있었다. 또한 따로 마련되어 있는 프로팀의 자리에서 게임 훈련에 몰두하고 있는 선수들의 모습도 볼 수 있었다. 학교를 대표하는 스포츠팀이 e스포츠팀이라는 점에서 1차적으로 놀랐다면, 학교 안에 PC방을 마련했다는 사실에 2차로 또 놀랐다. 이렇게 선진적인 게임플레이 환경을 조성하고 있는 학교인 만큼 UC어바인에 재학하는 학생 중 다수가 스스로를 게이머라고 일컬으며, 대규모의 대학 내 e스포츠 커뮤니티도 운영되고 있다고 한다.

UC어바인은 단순히 게임을 장려하는 제도와 시설로만 게임산업에 이바지하고 있는 것은 아니다. UC어바인의 게임에 대한 관심의 기반은 그들의 커리큘럼에서 시작된다. UC어바인은 캘리포니아의 대학 중 유일하게 '컴퓨터 게임 과학Computer Game Science' 전

UC어바인 e스포츠 아레나의 모습.

〈오버워치〉팀을 위한 별도의 공간.

공이 있는 학교로, 해당 학과의 학생들은 졸업할 때 직접 아이디어를 내고 디자인한 게임을 발표하는 시간을 가진다. 이 발표 시간에는 같은 어바인에 위치한 게임산업의 자이언트 기업 '블리자드Blizzard Entertainment' 관계자들도 참여한다는 점에서 UC어바인 게임교육의 수준을 엿볼 수 있다. 이 전공 외에도 '미디어 아트', '소프트웨어 엔지니어링' 등 게임산업에 접목이 가능한 다양한 분야의 교육이 활발히 이뤄지고 있다. 이런 교육을 위해선 당연히 게임산업의 전문가가 필요하다. 그리고 우리는 운 좋게 그 전문가 중 한 분의 강연을 들을 수 있었다.

게임을 통해 교육을 말하다, 콘스탄스 스테인쿨러 교수

우리가 만난 전문가는 콘스탄스 스테인쿨러Constance Steinkuehler 교수님이다. 교수님은 다양한 분야에 대한 공부를 바탕으로 게임 연구를 시작하였다. 수학, 영문학 그리고 종교학 세 분야의 학사학위를 받고 교육심리학 전공으로 석사과정을 마친 후, 리터러시literacy에 대한 연구로 박사학위를 받았다. 지도 교수의 추천으로 게임을 자신의 연구분야에 처음으로 포함시키기 전까지 사실상 게임과 아무 연관성이 없어 보이는 영역들을 공부해 온 것이었다.

하지만 다양한 게임의 플레이어로 게임에 푹 빠져 지내던 교수님은 게임의 다양한 측면에 관심을 가지게 되었다고 한다.

교수님의 여러 연구분야 중, 게임의 교육적 효과에 대한 연구가 우리를 위한 강연의 주요 주제로 다뤄졌다. 게임에 빠지면 공부에 방해가 될 것이라는 일반적인 우려와는 달리, 오히려 게임이 여러 측면에서 교육적 가치를 가진다는 내용이었다. 그리고 이 강연을 통해 나의 근본적인 물음이었던 "게임과 공부는 공존할 수 없는 것인가"에 대한 해답을 찾을 수 있었다.

'게임교육'에 대해 이야기하기 전에 우선 '게임산업'에 대한 이야기를 해야 한다. 스테인쿨러 교수님은 현재를 게임의 황금기라고 표현했다. 그 이유는 다각적으로 설명할 수 있다. 먼저 게임 디바이스가 다변화되었다. 콘솔게임, 비디오게임, 모바일게임 등 게임을 할 때 활용할 수 있는 디바이스의 종류가 늘어났고, 이는 게임플레이의 다양성을 증진하는 데 기여했다. 캐주얼한 게임을 즐기는 게이머의 경우 핸드폰을 이용한 모바일게임을, 화려한 그래픽과 플레이를 선호하는 게이머의 경우 고사양의 컴퓨터나 콘솔을 이용한 게임을 즐기며, 이전에는 게임을 하지 않던 사람도 기기의 확장을 바탕으로 자신이 선호하는 스타일의 게임을 플레이할 수 있게 된 것이다.

e스포츠 시장의 성장 또한 주목해야 할 부분이다. 〈KCON 2019 LA〉가 개최된 스테이플스 센터에서 지난 2016년 〈리그오브

레전드〉월드 챔피언십 경기(이하 롤드컵)가 개최됐다. 롤드컵 결승전을 보기 위한 사람들로 넓은 스테이플스 센터가 가득 찼다. 실제로 e스포츠는 미국의 대표 스포츠 중 하나인 미식축구보다도 더욱 인기를 끌고 있다. 수많은 관중이 모여 함께 게임 경기를 보고, 자신이 응원하는 팀을 위해 목소리 높이는 모습은 그야말로 장관이다. e스포츠도 여느 스포츠 경기와 다를 바 없이 많은 사람들의 관심을 사로잡고 있는 것이다.

이뿐만 아니라 게임 개발을 위한 엔진이 오픈소스화된 것 역시 게임산업의 성장에 크게 이바지하고 있다. 엔진이 오픈소스화되며 더욱 다양한 개발자들이 게임을 제작할 수 있게 됐고, 이는 다양한 규모의 게임 생산을 가능케 했다. 특히 인디게임의 수가 크게 늘어났다. 상대적으로 작은 규모의 게임을 인디게임이라 부르는데, 소비자의 다양성 및 게임 수의 증진으로 인디게임 분야가 주목을 받기 시작했다. 게임 플레이어가 다양화되면서 그들이 선호하는 스타일의 게임 역시 보다 다양성을 지니게 된 것이다. 이처럼 게임은 다각적 측면에서 호황기를 맞이하고 있다.

그렇다면 게임은 그 자체로는 어떤 속성을 지녔기에 사람들을 사로잡고 있는 것일까? 게임이 호황기를 누리는 비결은 게임이 놓인 엔터테인먼트산업의 환경뿐만 아니라 게임 그 자체가 가지는 속성에도 있다.

먼저, 게임은 인간사회의 종합체이다. 게임은 자체적으로 온전한 하나의 세계를 지닌다. 즉, 각각의 게임은 인간의 다양한 욕구를 반영하여 완전한 세계를 갖춘다는 것이다. 인간의 다양한 욕구가 반영된 만큼 각각의 게임을 통해 사람들은 욕구가 충족되거나 자극되는 경험을 할 수 있고, 이는 게임이 단순 가상공간에서의 활동을 넘어 하나의 잘 갖추어진 경험으로서 다가오게 만든다.

둘째로, 게임에선 성취에 대한 즉각적인 보상이 가능하다. 현실세계에서는 보상이 즉각적으로 이뤄지지 않는 경우가 많다. 그러나 게임의 경우 자신이 내린 결정에 대한 일정 수준의 보상을 게임 내 아이템이나 캐시 등으로 즉각적으로 받을 수 있다. 이로 인해 다음 단계로 진행하고자 하는 욕구가 더 커지게 된다.

이는 세 번째 속성인 높은 몰입도와도 연결된다. 우리는 흔히 게임을 하면 시간이 가는 줄 모른다는 표현을 자주 사용한다. 게임은 공부와 유사하게 장시간의 집중을 요한다. 이 집중력이 곧 높은 몰입도를 의미한다. 짧은 시간 집중하는 것도 어려운 공부와 달리, 게임은 오랜 시간 집중을 해도 큰 무리가 없다. 이는 앞서 말한 게임의 즉각적인 보상체계와도 관련되어 있다. 자신이 한 행동에 대한 즉각적인 반응을 확인함으로써 계속 다음 단계로 나아가고자 하는 욕구가 생기고, 이는 게임에 몰입하게 만든다. 그러나 이렇게 플레이어를 몰입하게 만드는 게임의 속성은 게임의 중독성과도 밀접한 연관이 있다. 게임에 빠져드는 것이 과할 경우 중독이 되는 것이다. 따라서 이 경계를 잘 유지하는 것이 어려우면서도 중요하다.

앞서 언급한 세 가지는 게임산업을 지속적으로 성장할 수 있게 한 게임 내부의 속성이자, 게임을 바탕으로 한 교육에 활용될 수 있는 게임의 긍정적인 속성이기도 하다. 지금까지는 게임산업 자체에 대해 이야기했다면, 이제 게임이 다른 산업에 어떻게 적용될 수 있는가에 대해 이야기해 보고자 한다.

게임이 황금기를 맞이한 이 시대, 엔터테인먼트산업의 하나로서 게임이 가지는 힘은 어느 정도 증명되었다. 그러나 스테인쿨러 교수님은 게임이 가지는 힘을 보다 다양한 분야에 적용하고자 했다. 게임산업이 성장할 수 있었던 데엔 다양한 소프트웨어적, 하드웨어적 그리고 게임을 즐기는 환경적 변화가 뒷받침되었던 것도 있지만, 게임 자체가 가지는 매력적인 속성 또한 무시할 수 없다. 이런 게임의 매력적인 속성을 어디에 적용할 수 있을까 고민하던 중 스테인쿨러 교수님은 이를 교육과 접목시켰다.

게임을 하는 과정에서 우리는 '머리를 쓴다'. 즉, 게임을 하기 위해선 많은 지능적 활동이 뒷받침되어야 한다. 그러나 게임에서 쓰는 지능과 공부에서 쓰는 지능을 우리는 지금껏 이분법적으로 구분해 왔다. 게임을 잘하는 머리와 공부를 잘하는 머리는 다르다는 것이다. 게임과 공부에 쓰이는 지능이 다르다고 여겼기에 자연스레 게임을 통해 길러진 지능은 공부와는 무관하다고 생각했다. 그러나 게임을 통해 개발할 수 있는 다양한 지능적 요소가 교육적인 효과를 지니고 있음은 여러 연구를 통해 확인되었다. 스테인쿨러 교수님의 강의를 통해 그중 8가지 주요 발견들에 대해 알 수 있었다.

〈표 8-1〉과 같이 다양한 연구자들에 의해 게임이 교육 콘텐츠를 전하는 수단으로서, 혹은 그 자체로서 어떤 교육적 의미를 갖는가가 밝혀졌다. 그중에서도 스테인쿨러 교수님이 주목한 것은 마지막 부분, 독해력 향상과 게임 간의 상관관계이다. 게임이 어떻게 게임 그 자체로, 그리고 게임 밖의 요소로 아이들의 읽고 쓰는 능력을 발전시킬 수 있는가에 대해 연구한 것이다. 특히 교수님은 미국 고등학교 남학생들의 교육에 주목했다. 미국의 경우 남학생들 중 65%만이 고등학교를 졸업하며, 남학생들이 지속적으로 NAEP(국가교육성취도평가)에서 여학생들에 비해 낮은 성적을 받는 것으로 나타났다. 게임 플레이어가 다양해지기는 했으나 아직까진 게임이 남자들에게 더욱 인기를 끌고 있는 가운데, 스테인쿨러 교수님은 남학생들이 학업에서 겪는 어려움을 그들에게 익숙한 게임을 통해 풀어내고자 했다.

중요한 것은 이때의 게임은 교육을 목적으로 만든 에듀게임 edugames에만 한정된 것이 아니라는 점이다. 실제 학생들이 일상적으로 플레이하는 게임을 바탕으로 연구가 이뤄졌다. 이는 단순히 교육목적으로 제작된 게임을 넘어 다양한 게임에서 교육효과를 기대할 수 있다는 의의를 가진다.

〈표 8-1〉 게임의 교육적 가치에 대한 주요 발견 8가지

No.	주요 발견(Big Findings)
1	23% Gain Over Traditional Material 전통적인 교육자료들을 이용하는 교육이 아닌, 상호작용을 바탕으로 즐기는 것을 강조하는 게임교육을 통해 게이머가 직접 어떤 가치를 발견하도록 이끈다. (D'Angelo et al., 2014)
2	Intellectual Functioning + Social Competence 지능개발뿐 아니라 사회적 능력을 향상시킨다(Kovess et al., 2016).
3	Coplay is better 혼자 하는 게임보다는 협업하는 형태의 게임이 교육적인 효과가 더 크다. 특히 약 2.34명이 함께 플레이하는 경우가 이상적이다. 협업을 통해 사회문제에 대한 영향력이 더 커진다는 것을 배울 수 있다(Wouters et al., 2013).
4	Marry Content to game mechanics 게임은 보상과 같은 도구적 형태로 기능하는 것이 아니라 콘텐츠 그 자체를 교육 내용으로 전달하는 매체가 되어야 한다. 교육하는 내용과 게임이 다루는 콘텐츠가 일치할 경우, 더 오랜 시간 학습내용을 기억하는 것으로 나타났다. (Habgood & Ainsworth, 2011)
5	Games + Paratexts more powerful 게임이 메인 텍스트라면 게임 생성 배경, 게임의 기반이 되는 스토리 등 메인 텍스트 이외의 추가적인 텍스트가 주어질 경우 더 큰 교육효과를 거둘 수 있다(Sitzmann, 2011).
6	Action games enhance attentional control 게임을 할 때는 주의를 집중하는 것이 중요한데, 액션게임의 경우 다양한 요소에 주의를 빠르게 전환하며 집중해야 한다. 이 때문에 액션게임을 많이 한 게이머는 상대적으로 주의전환에 익숙해지며, 특히 시각 영역에서의 주의전환에 강하다. (Green & Bavelier, 2012)
7	Language gains even for non-language games 언어사용이 없는 게임일지라도 게임을 통한 언어능력 향상이 가능하다. (Young et al., 2012)
8	Reading Gains (Interest is key variable) 게임을 통해 독해력을 향상시킬 수 있다. 단, 게이머가 게임에 흥미를 느껴야 한다. (Steinkuehler, 2012)

출처: 스테인쿨러 교수 강의자료

게임 속 이야기, 게임의 규칙과 내용이 가지는 교육적 가치

게임이 플레이어에게 가져다주는 경험에 대한 연구는 크게 두 가지 요소로 구분될 수 있다. 하나는 게임의 규칙에 대한 연구(Ludology)로, 플레이어들이 게임 세상 속에서 어떻게 그리고 왜 그렇게 행동했는가에 대한 문화적 이해라고 볼 수 있다. 다른 하나는 하나의 텍스트로서의 게임에 대한 연구(Narratology)이다. 모든 게임은 각자의 주제를 가진다. 예를 들어 대표적 캐주얼게임 중 하나인 카카오 〈프렌즈팝콘Friends Popcorn〉의 경우에도 스테이지별로 특정 캐릭터를 구출하는 등의 스토리를 지닌다. 캐주얼 모바일게임조차 스토리를 가지기에 그보다 훨씬 큰 규모의 게임들은 거대한 세계관이나 실제 역사의 재해석을 바탕으로 게임의 스토리를 꾸려 나간다. 이렇게 게임은 각자 크고 작은 스토리를 지니고, 이에 대한 연구 역시 게임 연구의 한 축을 담당하고 있다.

이처럼 게임은 어떠한 내용을 가지고 있고, 그 내용을 플레이어들이 각자 자신에게 맞게 구성해 나가는 과정에서 서로 다른 방식으로 플레이를 이어 가게 된다. 그렇기에 교육적인 측면에서 보았을 때, 플레이어들은 자신이 게임을 하는 방식과 게임의 내용 그 자체에서 무언가를 배울 수 있다는 것이다. 스테인쿨러 교수님 역시 이 두 가지 영역을 구분해 게임이 가지는 교육적 가치를 설명했다.

먼저 게임 방식을 통한 학습에 대해 이야기를 해보자면, 게임을 하기 위해선 다양한 능력이 필요하다. 게임 내 규칙을 습득하고 게임에서 다루는 주요 스토리에 대해 이해해야 한다. 게임은 그 안에 사회의 다양한 규칙들을 담고 있다. 그렇기에 단순히 다른 사람과 함께 게임을 하는 것만으로도 타인의 특성에 대해 다각적인 시선으로 살펴보는 것이 가능하다. 특히 여러 플레이어와 함께 게임을 진행하는 MMORPG^{Massively Multiplayer Online Role-Playing Game}의 경우 이런 특성이 더욱 도드라지게 나타난다. 일반적으로 MMORPG는 주어지는 임무를 수행해 나가는 형식으로 게임이 진행된다. 이때 게임 속 가상의 인물과 협업하는 것이 아니라, 실제 다른 곳에서 함께 게임을 진행하고 있는 현실의 게임 플레이어와 관계를 맺고 협업을 하는 과정이 필요하다. 즉, 게임이라는 가상의 공간에서 실재하지 않는 임무를 수행하는 것이지만 그 과정만큼은 실존하는 게이머와 함께하는 실전적인 협업의 과정인 것이다. 실제 사람과 함께 일을 해나가는 것이기에 상대와의 소통, 나와는 다른 의견에 대한 이해가 뒷받침되어야 한다. 따라서 게임은 체계화된 다양한 사회적 활동의 경험 공간으로 작동할 수 있는 것이다. 이렇게 게임을 통해 사회성을 기를 수 있다는 사실이 증명되며 ILG^{Instructional Leadership Game}와 같이 특정 사회성을 키우는 데 초점을 두는 게임이 개발되는 등 게임을 통한 사회이해 교육이 보다 고차원적으로 변화하고 있다.

사실 게임을 통해 사회성을 기를 수 있다는 것은 그리 새로운 이야기가 아닐 수 있다. 사회성은 결국 사람을 만나는 일을 통해 길러진다. 게임 역시 비록 가상의 공간이기는 하나, 사람과의 만남을 바탕으로 이뤄진다는 점에서 게임을 통해 사회성을 키울 수 있다는 것은 어느 정도는 예측 가능한 결과일지 모른다. 그러나 스테인쿨러 교수님의 연구 중 흥미로운 부분은 게임이 다루는 이야기와 관련된 연구들에서 발견할 수 있다.

게임이 다루는 이야기의 힘을 교수님은 이야기에서 사용하는 언어 그 자체의 힘과, 이야기의 내용이 가지는 힘으로 나누어 연구를 진행했다. 먼저 이야기에서 사용하는 언어 그 자체에 대한 연구를 살펴보면, 게임에서 사용하는 단어들이 교육적 가치를 지닌다는 것이다. 우리는 흔히 게임에서 사용되는 언어는 그 수준이 낮을 것이라 오해하곤 한다. 그러나 게임에서 사용하는 언어와 학교 수업 내 텍스트에서 사용하는 언어는 예상외로 많은 부분 맥을 같이한다. 학교 수업에서 사용하는 언어를 '학습용어academic vocabulary'라고 하는데, 게임 안에서 제공되는 여러 텍스트에 이미 많은 학습용어가 포함되어 있다. 예를 들어 게임에서는 실제 플레이어들의 캐릭터 이외에 NPCNon-Player Character가 존재한다. 이들은 주로 플레이어가 게임을 원활히 진행하고 다음 단계로 넘어갈 수 있도록 안내하는 길라잡이 역할을 한다. 일상적인 언어를 바탕으로 하는 플레이어 간의 대화와 달리, NPC는 게임의 스토리 이해를 돕기 위해 게임과 관련된 다양한 학습용어를 사용하여 플레이어와 소통한다. 이외에도 게임 속에서 이뤄지는 대화, 임무 소개, 게임배경 설명 등의 언어적 교류를 바탕으로 플레이어들은 반복적으로 학습용어에 노출된다. 이런 식으로 반복적으로 학습에 필요한 언어에 노출되는 것은 사용자도 모르는 사이 사용자의 학습에 필요한 언어능력을 향상시켜 준다.

다음으로는 게임의 내용적인 측면이다. 스테인쿨러 교수님은 내용적인 측면 그 자체보다, 게임의 내용을 고를 수 있는 선택권을 게임 플레이어에게 주었는가 여부에 주목해 연구를 진행했다. 즉, 게임을 통한 언어교육이 보다 효과적이기 위해선 남학생들에게 일정 부분 선택권을 줘야 한다는 것이다. 이때의 선택권은 바로 자신이 원하는 게임을 선택할 수 있는 기회를 주는 것이다. 교수님은 이러한 선택권의 부여 여부가 학습에 미치는 영향에 대한 연구를 진행했다.

연구 설계는 간단하다. 학교 수업에서 이용하는 일반 텍스트와 그중 게임과 내용상 관련성이 있는 텍스트를 구분해 남학생들에게 제공한다. 학업상의 어려움을 겪고 있던 남학생들은 두 텍스트 모두 읽어내는 데 어려움을 겪었고 같은 학년의 다른 학생들보다 뒤처진 독해력을 보였다. 그러나 게임과 내용상 관련성이 있는 텍스트를 직접 선택할 수 있게 하자 실험 결과가 완전히 달라졌다. 자신들이 직접 관심 있는 게임 토픽을 선택한 후, 해당 토픽에 대한 텍스트가 주어지자 남학생들은 그들의 실력보다 8단계 더 높은 수준의 텍스트까지 읽어냈다.

이런 차이는 맥락에 대한 이해에서 왔다. 독해력 평가 항목 중 'Self-Correction' 항목이 있는데, 이는 문맥을 통해 모르는 단어를 추측해 내는 능력으로 독해력을 결정짓는 중요한 요소 중 하나이다. 게임 텍스트이지만 직접 선택하지 않은 텍스트에 대해선 학생들은 평균 17%의 낮은 'Self-Correction' 수준을 보였다. 모르는 단어가 포함되어 있을 때 텍스트를 잘 이해하지 못하는 것이다. 그러나 직접 선택한 텍스트에 대해선 평균 36%의 'Self-Correction' 수치를 보였고, 이는 앞선 경우에 비해 2배가 넘는 수치이다. 이러한 결과는 자신의 선택에 대한 책임감에서 오는 것으로 보인다. 자신이 직접 선정한 주제이기에 우선적으로 해당 분야에 대한 지식이 많을 뿐 아니라, 모르는 단어가 나와도 그냥 넘기기보단 해당 단어를 이해하고 넘어가려는 노력을 하는 것이다. 따라서 학업 성취도를 높이기 위해선 학생들이 자발적으로 관심 있는 텍스트를 선택하는 것이 중요하다. 자신이 무엇을 공부할지에 대한 선택권을 지녔다는 것을 느낄 경우, 책임감을 갖고 보다 능동적으로 텍스트 이해에 참여하게 된다.

이처럼 게임이 가지는 교육적 가치에 대한 연구는 비단 게임 내부에만 머물러 있지 않다. 게임 자체에 대한 연구에서 더 나아가 어떤 방식으로 학생들에게 교육적 콘텐츠를 접하게 하는 것이 보다 효과적일 수 있을까에 대해 자연스레 고민하게 되는 것이다.

지금까지 한국 학생들은 획일화되어 있다는 지적을 많이 받아왔다. 이는 한국 교육환경의 영향이 크다고 생각한다. 한국의 교육환경에서 학생들이 무언가를 선택하는 일은 흔치 않은 일이다. 선택이라고 해봤자 문과·이과를 선택하는 정도로, 이 선택은 오히려 학생들이 공부할 수 있는 영역을 제한하는 것에 가깝다. 자신이 하는 공부에 대해 스스로 선택권을 갖지 못하는 환경 속에서 학생들이 공부에 흥미를 잃는 것은 오히려 당연한 일이었을지 모른다. 이에 비해 자신이 모든 것을 결정할 수 있으며, 동시에 자신이 한 일에 대한 즉각적인 보상과 칭찬이 주어지는 게임은 당연히 매력적인 대체재였을 것이다. 게임과 공부가 대치할 수밖에 없는 상황은 우리가 만들어 온 것일지 모른다. 게임이 어떻게 재미없다고 여겨지는 학습용어들을 재미있게 제시하는지, 어떻게 가상의 상황을 만들어 구체적인 경험으로 사회성을 기를 수 있게 하는지, 어떻게 이 모든 것을 플레이어의 자발적인 선택을 바탕으로 구성해 내는지를 이해하고 이를 공부에 적용할 수 있게 된다면 공부도 게임처럼 재미있다고 여겨지는 날이 올지도 모른다.

게임이 다룰 수 있는 영역을 넓힌다면?

스테인쿨러 교수님의 강연을 듣던 중 한 가지 의문이 생겼다. 교수님의 연구는 게임을 이용해서 결국 무언가를 가르치는 지금까지의 게임교육 연구와는 방향이 달랐다. 그보다는 게임 자체가 가지는 교육적 가치에 중점을 두고 있다. 즉, 게임을 학습의 수단이 아닌 학습의 대상 자체로 보고 있는 것이다. 그렇다면 학생들이 게임을 통해 무언가를 배울 수 있다면, 학생들이 보다 많은 분야에 관심을 갖게 하기 위해선 다양한 학습분야를 게임에서 다뤄내면 되지 않을까 라는 생각이 들었다. 굳이 게임의 방식을 공부에 적용하기 위해 억지로 바꾸기보다는 공부를 게임의 틀에 맞춰 보자는 것이다. 물론 모든 공부의 내용이 게임의 틀에 맞게 변형되기는 어려울 것이다. 그러나 게임의 형식에 잘 맞지만 아직 게임화되지 않은 영역 역시 많이 존재할 것이다. 따라서 공부를 기준으로 생각하는 기존의 방식에서 벗어나, 게임의 틀에 공부를 맞추면 어떨까 하는 생각을 바탕으로 교수님에게 질문했다.

그렇다면 보다 다양한 주제를 다루는 게임을 개발하는 것이 게임을 이용해 교육을 하는 것보다 더 주목받아야 하는 것이 아닐까요?

교수님은 나의 질문을 흥미로워하며 더욱 다양한 분야에 대한 이해를 가능케 하는 게임을 만드는 데에도 많은 연구가 진행되고 있다고 덧붙였다. 기본적으로 게임에서 다루고 있는 소재들이 다 변화되었고, 앞서 언급했듯이 인디게임이 다수 등장하며 한층 더 다양한 이야기들이 게임의 소재가 되고 있다며 이와 관련해 교수님은 몇 가지 예시를 들었다. 그중 두 가지 인상적인 게임을 소개하자면, 먼저 게임 〈네버 얼론Never Alone〉은 게임의 주 캐릭터로 미국 원주민을 차용하고 있다. 해당 게임 이용자는 게임을 플레이하는 것만으로 미국 원주민의 생활과 문화에 대해 이해할 수 있다. 더 나아가 관심 가지지 않았던 그들의 삶에 대해 게임에서는 이야기되지 않은 내용까지 찾아볼 수 있게 된다. 즉, 게임이 또 다른 공부를 유도하는 하나의 마중물의 역할을 할 수 있다.

또 다른 흥미로운 소재의 게임은 〈댓 드래곤, 캔서That Dragon, Cancer〉라는 게임이다. 이 게임은 실화를 바탕으로 한 게임으로, 암 투병을 하고 있는 자녀를 둔 부모의 입장이 되어 게임을 진행한다. 조금은 무거운 주제일 수 있으나 이 게임을 통해 실제 암 투병 자녀를 두고 있는 부모부터 암 투병 환자, 더 나아가 관련 경험이 없더라도 게임에 흥미를 가진 플레이어들까지 서로에 대한 다양한 공감과 이해의 경험을 할 수 있을 것이다.

게임은 공부와 달리 플레이가 지속되는 동안 플레이어가 흥미를 느낄 만한 요소들과 보상을 반복적으로 제공한다. 그렇기에 단순히 학습목적으로 어떤 소재를 제시할 때보다 쉽게 학생들의 몰입도를 높일 수 있다. 따라서 게임이 더욱 많은 소재를 다룰 수 있게 된다면 자연스레 학생들은 다양한 분야에 대해 능동적으로 학습할 수 있게 될 것이다.

게임의 또 다른 장점은 그 내용의 확장을 현재의 세계로만 국한

지을 필요가 없다는 것이다. 그렇기에 신화나 역사적 사건을 배경으로 게임 스토리를 구성하는 것은 굉장히 일반적인 경우이다. 물론 과거의 사건뿐 아니라 미래의 사건도 게임의 소재가 될 수 있다. 즉, 게임은 지금의 사회를 넘어 다가오는 사회에 대한 준비 단계로 이용될 수 있다.

스테인쿨러 교수님의 강연을 바탕으로 게임 자체가 학습적 의의를 가지도록 하기 위한 연구를 추가적으로 살펴봤다. 데이비드 셰퍼David Shaffer 교수님은 학생들이 게임을 통해 제4차 산업혁명 시대, 기술 집약적인 시대를 준비할 수 있을 것이라 설명했다. 게임을 통해 다가오는 사회에 대한 현실적인 대비를 가능케 하는 방법을 구체적으로 설명하고자 셰퍼 교수님은 여러 분야에 대한 이해를 돕는 게임을 만드는 프로세스에 대해서도 소개했다. 그의 설명에 따르면 어떤 직업군에서 다루는 정보는 일관된 '지식의 틀epistemic framework'을 지닌다. 따라서 이 구조를 바탕으로 '지식에 대한 게임epistemic games'을 제작할 경우, 특정 직업군과 관련된 사회적으로 가치 있는 공동체와 그 문화에 대한 이해가 가능해진다는 것이다. 하나의 직업은 그 직업을 둘러싼 정보를 바탕으로 일정한 체계를 지닌다. 따라서 게임에 그 체계를 반영할 경우, 플레이어는 보다 실질적인 직업체험이 가능하게 된다.

정보의 체계를 바탕으로 효과적으로 직업세계를 그려낸 게임의 대표적인 예로는 〈디지털 주Digital Zoo〉와 〈마이 시티My City〉가 있다. 게임의 이름에서도 추측할 수 있듯이 각각 동물원과 도시를 설계하는 게임이다. 직접 도시와 동물원을 설계하는 일은 쉽게 주어지는 기회가 아니다. 더욱이 관련 진로를 생각하는 플레이어에게는 도시와 동물원 설계를 위해 필요한 직업, 과정, 그리고 함께 공부하면 좋을 분야 등에 대한 이해가 가능하기에 표면적인 진로 체험이 아니라 유의미한 진로 체험의 기회가 될 수 있을 것이다. 플레이어들은 이런 타이쿤tycoon 장르의 게임을 통해 다양한 직종을 체험해 볼 수 있고, 자신이 원하는 직업을 꽤 체계적으로 경험해 볼 수 있다. 이러한 의미에서 게임은 현실세계에 대한 이해의 폭을 확장하는 데 이용될 수 있을 뿐만 아니라, 아직 경험해 보지 못한 진로의 영역, 미래의 영역 등에 대한 선체험을 가능케 한다는 데에서도 의의가 있다.

게임 그 이후의 이야기, 팬픽션

게임을 통한 교육은 게임 안에서만 그치는 것이 아니다. 게임 바깥의 일상적 경험을 게임과 관련한 창의적 글쓰기 활동 등으로 풀어내기도 한다. 앞서 살펴본 연구들에서도 알 수 있듯, 스테인쿨러 교수님 연구의 특징은 많은 경우 연구가 게임상에서 이뤄진다는 것이다. 게임과 관련된 글쓰기에 대한 연구 역시 게임 〈리니지 Lineage〉를 통해 만난 소년과의 채팅을 바탕으로 이루어졌다. 이

소년의 아이디는 'Orient Knight'로, 소년은 게임에 대한 팬픽션 Fan Fiction (이하 팬픽) 을 작성하고 그 팬픽을 자신의 길드에 속한 사람들과만 공유하는 방식으로 이야기를 공개했다.

팬픽은 게임의 기본 스토리와 캐릭터를 바탕으로 게임에 애정을 가진 팬들이 직접 작성한 소설과 같은 2차 저작물을 의미한다. 기본적인 설정은 게임에 바탕을 두고 있지만, 주요 사건 및 대사 등을 게임 플레이어가 모두 직접 작성한다는 점에서 게임과는 또 다른 새로운 창작물이라 볼 수 있다. 팬픽이 가지는 교육적 의미는 작성자가 자발적으로 게임에서 제시된 것 이상의 내용을 창조한다는 점에 있다. 팬픽은 누군가 작성하도록 강요한 것이 아니다. 게다가 팬픽은 곧 한 편의 소설이기에 완결성 있는 팬픽을 작성하기 위해선 고도의 작문능력과 독해력, 사고력 등이 필요하다. 팬픽을 작성하는 것은 곧 종합적인 지능을 필요로 하는 작업인 것이다. 따라서 누군가 시킨 것도 아닌데 게임에 대한 애정만을 바탕으로 많은 노력을 들여 소설을 작성한다는 것은 교육연구가들에게 흥미로운 모습으로 여겨진다.

앞서의 소년이 작성한 팬픽은 소년이 좋아하는 소녀에 대한 이야기라는 점에서 일상과 게임을 연결하고 있다. 이처럼 게임은 단순히 오락에 그치지 않고 우리의 일상을 풀어내는 도구로 작동하기도 한다. 학생들 대부분은 자신의 내면을 드러내고자 하는 욕구를 지닌다. 이 욕구와 게임에 대한 애정을 바탕으로 학생들은 글쓰기를 비롯한 다양한 창작활동을 하고, 이는 창의력 및 작문·소통·비유능력 등 다양한 리터러시 능력을 증진시키는 데 기여한다.

게임, 이제는 다르게 보자!

스테인쿨러 교수님의 강연을 통해 게임이 가지는 교육적 가치를 게임 내부요소의 측면부터 게임 외부로의 확장 가능성의 측면까지 다양한 방면에서 살펴볼 수 있었다. 이런 식으로 게임이 갖는 다양한 교육적 가치는 또 다른 영역으로의 연구로 확장될 충분한 가능성이 있다. 게임 제작뿐만 아니라 게임산업 속 여성들의 인권, 게임중독 문제 그리고 이날 강연의 핵심 키워드가 된 게임의 교육적 가치까지, UC어바인은 게임산업을 다각적으로 바라보고 있었다. 그 시선들이 모여 UC어바인을 게임산업의 선두주자로 만들고 있는 것이다. 게임 분야가 차세대 엔터테인먼트를 이끌 것으로 예상되고 있는 가운데, 우리 역시 게임에 대한 보다 구체적인 고민과 연구가 필요하다고 생각했다.

　이 글의 서두에서 제기한 미디어로서의 게임, 그 미래는 과연 무엇일까? 현재의 게임 테크놀로지는 과거의 일방향적 미디어에 의한 일방향적 콘텐츠가 아닌 인터랙티브 콘텐츠로서 하나의 의미 있는 실험장이다. VR, AR, MR, XR로 대표되는 새로운 테크

학교 투어 및 강의 수강 후 찍은 단체사진. UC어바인을 상징하는 동물인
개미핥기를 따라 하는 손동작을 하고 있다.

놀로지 시대가 요구하는 콘텐츠의 실험장인 것이다. 게임은 머지
않아 현재의 미디어 콘텐츠 영역을 뛰어넘어 학교 교육현장, 사이
버공간에서의 스포츠, 예술 분야, 공공영역 등으로까지 확장될
것이다. 이러한 새로운 미디어 콘텐츠로서의 지평을 확대하는 데
는 현재 진행되고 있는 '게임적 콘텐츠' 개발 및 연구가 크게 이바
지할 것으로 보인다. 게임 연구 및 게임산업의 중요성이 점점 더
부각되고 있는 것이다. "게임 그만해라"라는 잔소리 대신 "게임 좀
더 해라", 그리고 "게임을 넘어서 미래 미디어를 생각하라"라는 조
언이 익숙해지는 날이 오지 않을까 기대해 본다.

더 생각해 보기

1 게임 콘텐츠가 본격적인 인터랙티브 미디어 콘텐츠로 발전할 가능성에 대해 어떻게 생각하나요?

2 게임 콘텐츠가 비즈니스 측면으로만이 아닌 사회적 가치를 갖는 방향으로 활용될 가능성이 있을까요? 어떤 방식으로 가능할지 생각해 봅시다.

3 우리나라의 게임 콘텐츠산업이 의미 있는 미래산업으로 발전하기 위해 어떤 준비가 필요할까요?

참고문헌

D'Angelo, C., Rutstein, D., Harris, C., Bernard, R., Borokhovski, E., & Haertel, G. (2014), *Simulations for STEM Learning: Systematic Review and Meta-analysis*, Menlo Park: SRI International.

Green, C. S., & Bavelier, D. (2012), "Learning, Attentional Control, and Action Video Games", *Current Biology*, 22(6): R197~R206.

Habgood, M. J., & Ainsworth, S. E. (2011), "Motivating Children to Learn Effectively: Exploring the Value of Intrinsic Integration in Educational Games", *The Journal of the Learning Sciences*, 20(2): 169~206.

Kovess-Masfety, V., Keyes, K., Hamilton, A., Hanson, G., Bitfoi, A., Golitz, D., & Otten, R. (2016), "Is Time Spent Playing Video Games Associated with Mental Health, Cognitive and Social Skills in Young Children?", *Social Psychiatry and Psychiatric Epidemiology*, 51(3): 349~357.

Shaffer, D. W. (2006), *How Computer Games Help Children Learn*, Macmillan.

Sitzmann, T. (2011), "A Meta Analytic Examination of the Instructional Effectiveness of Computer Based Simulation Games", *Personnel Psychology*, 64(2): 489~528.

Squire, K. (2006), "From Content to Context: Videogames as Designed Experience", *Educational Researcher*, 35(8): 19~29.

Steinkuehler, C. A. (2004. 6.), "Learning in Massively Multiplayer Online Games", In proceedings of the 6th international conference on Learning Sciences, 521~528, *International Society of the Learning Sciences*.

Wouters, P., Van Nimwegen, C., Van Oostendorp, H., & Van Der Spek, E. D. (2013), "A Meta-analysis of the Cognitive and Motivational Effects of Serious Games", *Journal of Educational Psychology*, 105(2): 249.

Young, M. F., Slota, S., Cutter, A. B., Jalette, G., Mullin, G., Lai, B., & Yukhymenko, M. (2012), "Our Princess Is in Another Castle: A Review of Trends in Serious Gaming for Education", *Review of Educational Research*, 82(1): 61~89.

커뮤니티, 더 나은 직장을 만들다
블라인드

진민석 미디어학부 3학년

직장인의 소통 공간, 블라인드

《사피엔스》의 저자 유발 하라리는 그의 저서에서 사피엔스가 대규모의 공동체를 이루며 진화한 것에 대해 흥미로운 주장을 내놓는다. '뒷담화 이론'은 호모 사피엔스가 더 크고 안정된 집단을 형성하고 유지할 수 있었던 배경을 잘 설명한다. 사회적 동물인 호모 사피엔스에게 사람에 대한 정보나 소문이 맹수의 위협에 관한 것보다 중요하게 인식되었고, 이러한 정보를 주고받으며 사회적 협력 관계를 이루었다는 것이다. 사피엔스의 등장 이후 수십만 년이 지난 지금, 생존 공간으로서의 직장에서 더 나은 삶을 영위하기 위한 사회적 협력의 필요성은 여전히 유효하다. 뒷담화는 악의적인 행위이지만 인간의 본능이며, 유용한 정보를 제공해 주기도 하고 공감대를 형성해 주기도 한다. 이를테면 상사에 대한 험담부터 인사 고과에 대한 소문, 회사 내 부조리 등은 직장인이라면 누구나 공감할 만한 주제이다. 그러나 한편으로는 누구에게도 쉽게 꺼낼 수 없는 이야기이기도 하다. 이러한 이야기들을 수많은 직군의 직장인들이 모여 속 시원하게 꺼낼 수 있는 공간이 있다. 바로 직장인 전용 익명 커뮤니티 '블라인드Blind'이다.

다만 오해의 소지를 남기지 않기 위해 말하자면 블라인드는 뒷담화 전용 커뮤니티가 절대 아니다. 자신의 이야기와 '믿을 만한 정보'를 자발적으로 공유하는 직장인의 익명 소통 매체이다. 2013년 론칭한 블라인드는 꾸준한 성장세를 보이며 2020년 2월 기준 한국에서만 240만 명, 미국에서는 80만 명이 넘는 이용자를 보유하고 있다. 이미 직장인들 사이에서는 높은 신뢰성을 인정받아 이용자의 재접속률은 80%에 달한다. 블라인드 앱 내 정보는 기업들이 무시할 수 없는 정도가 되었고 실제로 블라인드라는 채널을 통해 굵직한 폭로가 이뤄져 왔다. 2015년 조현아 전 대한항공 부사장의 '땅콩 회항'부터 시작해 두산인프라코어 '신입사원 명퇴', 금호아시아나 박삼구 회장 미투 운동, 조현민 전 대한항공 전무의 '물컵 갑질' 등 대기업의 부조리가 온 세상에 공개되는 데에 블라인드가 중요한 계기로 작용했다.

2019년 여름, AJ 미디어 루키스 프로그램을 통해 미국 샌프란시스코 미드마켓에 위치한 블라인드의 사무실을 방문했다. 미국에서 근무하는 김성겸 이사님을 만나 블라인드의 창업 스토리와 사업전략, 앞으로의 목표 등에 관해 대화를 나눌 수 있었다. 블라인드는 철저한 익명성 보장과 보안을 최우선 가치로 여긴다고 한다. 직장인들은 자신의 회사 이름을 내걸고 커뮤니티 내 회사 채널과 라운지에서 솔직하게 소통한다. 익명으로 축적된 데이터는 회사에 존재하는 정보비대칭을 해소하고, 콘텐츠의 품질을 향상한다. 이를 통해 기업 또한 신속한 대응 및 체계적인 피드백 루프 구축이 가능하게 되어 조직문화를 개선하는 데 도움을 줄 수 있다.

커뮤니티 서비스로 창업한 블라인드는 최근 직장인을 대상으로 한 온라인 취미 클래스 '비스킷Biskit'과 커리어 컨설팅 플랫폼 '루프탑 슬러시Rooftop Slushie'를 출시하며 비즈니스 모델을 다각화하고 새로운 성장 동력을 찾아 나서고 있다. 직장인들을 위한 소통 공간으로 시작해 이제는 보다 다양한 서비스를 제공하며 직장인의 삶에 가까이 다가온 블라인드는 어떤 회사일까. 또, 블라인드에 모여든 직장인들의 진솔한 이야기들은 어떤 가치를 갖고 있을까.

아마존과 친구가 되기까지

캘리포니아로 기업 탐방을 간다고 했을 때, 우리나라 벤처기업을 방문하게 될 것이라고는 생각하지 못했다. 게다가 처음 들어본 회사라니. 그도 그럴 것이 대학생인 나는 블라인드를 사용하고 싶어도 할 수가 없다. 그동안 많은 한국 기업이 해외에서 서비스를 출시했지만 큰 성과 없이 철수한 사례를 전공수업을 통해 배웠기에 글로벌 서비스를 출시하고 관리하는 것이 얼마나 힘든 일인지 잘 알고 있었다. 특히나 커뮤니케이션 플랫폼으로서 성공적인 비즈니스 모델을 구축하는 것은 시장성과 지속가능성의 측면에서 매우 어려운 일이다. 그런데 토종 스타트업인 블라인드는 햇수로 5년째 꾸준히 성장하며 사업을 확장하고 있다.

블라인드의 창업자인 문성욱 대표님은 네이버Naver에서 일한 경력을 바탕으로 커뮤니티 서비스를 구상했다. 일의 효율을 최우선으로 하는 대기업의 구조적 특성인 분업과 위계 시스템이 주는 장점도 있지만, 문 대표님은 이러한 구조에 답답함을 느꼈다고 한다. 당시 네이버에는 사내 익명 게시판이 있었는데, 오프라인에서는 할 수 없었던 솔직하고 다양한 이야기가 게시판을 통해 오고 가는 것을 문 대표님은 흥미롭게 생각했다. 하지만 얼마 가지 않아 네이버는 사내 익명 채널을 폐쇄했고, 문 대표님은 소통 공간이 없어지니 그동안 게시판을 통해 나왔던 대화가 얼마나 가치 있는 것이었는지 알게 되었다고 한다. 직장인들이 시간을 가장 많이 보내는 공간이 회사인데 사내에서 일어나는 소통이 너무 적다는 문제의식을 느꼈다. 이러한 네이버에서의 경험은 직장인 전용 익명 커뮤니티 서비스의 밑거름이 되었다.

블라인드 김성겸 이사님과의 질의응답 시간. 우리가 방문한 곳 중 유일한
한국 기업이라 그런지 편한 분위기에서 대화가 오고 갔다.

한국에서 서비스를 시작한 블라인드는 현재 미국의 굵직한 IT
회사에서 80만 명이 넘는 사람들이 이용하는 엄연한 글로벌 서비
스로 성장했다. 2013년 12월 론칭 이후 2014년 초 미국 샌프란시
스코에 본사 법인을 만들고 이듬해 초 미국에 본격적으로 진출했
다. 미국 출시 후 4년이 지난 현재, 마이크로소프트에 5.8만 명,
아마존은 4.5만 명, 구글, 페이스북에 1만 명이 훌쩍 넘는 이용자
를 보유하고 있다. 이제 실리콘밸리업계 사람들은 모두 블라인드
로고를 알아본다고 한다.

블라인드는 출시 전부터 해외 진출을 염두에 두고 서비스를 개
발하는 '본 글로벌born global' 전략을 구상했다. 우리나라에서는 성
장에 한계가 존재하기 때문이다. 국내 화이트칼라 노동자의 수는
약 천만 명으로 추정되는데 이마저도 계속해서 줄고 있다. 이미

300명 이상의 직원을 보유하고 있는 회사에서의 블라인드 가입률은 50%를 넘기 때문에, 더는 이용자 확보에 큰 노력을 기울일 필요가 없을 정도로 성장했으니 계획이 잘 맞아떨어진 것이다. 국내 시장을 먼저 공략해 기초를 다진 뒤 해외에 진출하는 기존의 사업 전략에서 탈피해 미국에서 서비스를 시작하는 글로벌 DNA를 새긴 벤처기업들이 많아지고 있고, 블라인드는 이들의 모범적인 사례가 되어주고 있다.

김성겸 이사님은 미국으로 자리를 옮기고 보니 해외 진출에 대한 생각이 달라졌다고 한다. 미국에서 성공적으로 자리를 잡으면 자연스럽게 다른 나라에도 진출이 가능해진다. 이전에는 미국에서 우선적으로 기반을 다지고 이후 다른 국가로 서비스를 확장할 것이라는 생각이 있었는데, 이곳 사람들에게 '글로벌'은 너무나 당연한 것이었다. 실제로 미국에서 사용자가 증가하자 인도, 캐나다, 유럽 등 글로벌 기업이 진출해 있는 국가에서도 블라인드 앱의 트래픽이 발생하고 있다. 블라인드가 해나가고 있는 도전은 더 넓은 세상을 경험하고자 미국에 간 우리 미디어 루키스에게 목적에 알맞은 가르침을 주었다.

어떻게 샌프란시스코에 이렇게 자리 잡게 되었냐는 우리의 질문에 대한 이사님의 대답은 당연하게도 미국에서의 시작은 아주 미미했다는 것이다. 이사님은 홀로 미국으로 건너와 직원을 한 명 고용했다. 아무런 네트워크가 없는 상황에서 할 수 있는 것이라곤 무작정 홍보를 하는 것뿐이었다. 이들은 직접 회사에 찾아가 홍보를 부탁하고 전단지를 돌리는 등 발로 뛰어다니며 링크드인Linkedin, 페이스북 등 채널을 가리지 않고 현직자들을 소개받아 서비스를 알렸다. 이런저런 시도에도 쉽게 문이 열리지 않던 와중에 페이스북에 IT기업 종사자들을 타기팅하는 광고를 게시해 블라인드의 서비스를 설명하고 현직자들의 의견을 물었다. 그러자 '아마존'에서 생각보다 많은 반응이 돌아왔다. 김 이사님은 곧장 아마존 본사가 있는 시애틀로 향하는 비행기를 탔다. 인맥을 총동원해 아는 사람의 아는 사람을 모조리 소개받았다. 이들을 자신의 편으로 만들기 위해서는 우선 친구가 되어야겠다는 생각으로 아마존 직원들에게 술을 사주며 친해지기 시작했다. 직원들이 많이 사는 아파트 꼭대기 층에서 바비큐 파티를 여는 등 사람들을 직접 만나다 보니 친해진 직원이 생기기 시작했다. 우여곡절 끝에 아마존 직원 전용 채널을 개설할 수 있게 되었다. 마이크로소프트 역시 같은 방법을 거쳐 채널을 열었다. 그렇게 이용자가 점점 늘어나게 되고 실리콘밸리에서 입지를 넓혀갈 수 있었다.

김 이사님은 초기 사용자의 확보를 매우 중요하게 생각한다. "내 옆에 있는 사람이 서비스를 사용하면 나도 쓰게 된다"고 말하며 그 단계까지 도달하기 위해서는 직접 사람들을 만나는 것이 가장 확실한 방법이라고 강조했다. 나는 막연하게 실리콘밸리의 IT기업을 대할 때는 세련되고 폼나는 영업전략이 필요할 것으로 생각했다. 그러나 영업은 기본적으로 고객의 마음을 사는 일이고, 가장 기본적이면서도 효과가 강력한 영업의 무기는 진심이라는 말이 있다. 블라인드의 '친구되기' 전략은 폼나는 방식은 아닐지라도 현직자들의 신뢰를 얻었고, 이를 바탕으로 실리콘밸리에서 공고하게 자리를 잡고 있다. 블라인드의 서비스에 대한 확신과 깊은 공감이 바탕이 되었기에 고객을 만날 때에도 서비스의 가치를 진심으로 전달할 수 있었을 것이라는 생각이 들었다. 블라인드의 다음 과제는 서부의 테크 기업뿐만 아니라 더 넓은 산업군에서 이용자를 확보해 미국 내에서의 사용률을 높이는 것이다(이현아, 2019).

더 나은 직장을 만들기 위한 데이터의 가치

커뮤니티가 활성화되고 많은 채널과 라운지가 개설될수록 다양한 데이터가 쌓이게 된다. 직장인의 데이터는 그 활용가치가 엄청나며 이와 연관된 비즈니스 모델 역시 가치가 높게 평가되고 있다. 동시에 직장 내에는 정보비대칭이 존재하고 이러한 불균형이 개인에게 미치는 영향은 매우 크다. 블라인드에서 이루어지는 커뮤니케이션은 개인에게 유용한 정보를 제공해 주어 불균형 해소에 도움을 주며, 회사는 직원들의 피드백을 반영해 노동환경과 조직문화를 개선하는 선순환 구조를 만들어 낼 수 있다. 블라인드의 직장인 데이터는 기업이 가지고 있지 않은 정보를 통해 인사이트 insight를 제공한다. 직원들끼리 하던 이야기를 읽을 수 있는 텍스트 형태로 제공해 주어 건강한 사내 소통이 이루어질 수 있도록 한다. 익명의 형태로 블라인드에 축적된 직장인 데이터가 정보비대칭을 해소하고 조직문화를 개선하는 데 어떻게 도움을 주는지 살펴보기에 앞서, 블라인드 영문 웹사이트에 기재된 회사소개 문구와 기업강령mission statement을 소개한다.

블라인드는 검증된 직장인들이 중요한 문제를 논할 수 있도록 연결하는 믿을 수 있는 커뮤니티이다.

1. 직장인들은 익명으로 회사전용 채널에서 소통하며 다른 산업군의 사용자들과도 개방적으로 소통할 수 있다. 블라인드는 전 세계 300만 명 이상의 직장인들이 의견을 공유하고, 솔직한 피드백을 제공하고, 사내 문화를 개선하며, 커리어 관련 정보를 찾을 수 있는 곳이다.
2. 블라인드는 변화하는 플랫폼이다. 투명성에 대한 우리의 사명은 직업상의 장벽을 무너뜨려 직장에서 정보에 입각한 결정을 내리도록, 생산적인 변화를 맞이할 수 있도록 돕는다.

여기서 뽑아낼 수 있는 핵심 키워드는 검증된verified, 익명으로

anonymously, 투명성transparency, 정보에 입각한 결정informed decision, 피드백feedback, 변화change 등이다. 정리해 보자면, 블라인드에 올라오는 정보는 인증을 거치기 때문에 검증된 정보인 동시에 익명성이 보장되며 정보의 투명성을 지향한다. 이러한 데이터는 직장에 대한 정보를 바탕으로 개인의 의사결정을 도와주고, 회사가 피드백 체계를 구축하게 하여 직장이 더 나은 공간으로 변화할 수 있도록 이바지한다. 그렇다면 블라인드의 직장인 데이터가 어떻게 변화를 만들어 낼 수 있는지 구체적으로 살펴보자.

정보비대칭의 해소

블라인드가 미디어를 통해 사람들에게 알려진 가장 큰 계기는 갑질, 성희롱 등 사내 스캔들의 폭로일 것이다. 그러나 블라인드가 사내에서 발생하는 부조리와 불합리를 고발하고 폭로하고자 만들어진 서비스는 아니다. 오히려 블라인드가 사람들에게 '폭로 서비스'로 인식되면 지속가능성에 문제가 생길 수도 있다. 다만 소통 공간이 마련되고 직장인들이 이를 수평적으로 소통할 수 있는 플랫폼으로 인식하면서 그동안 수면 위로 떠오르지 않던 문제들이 드러나게 된 것이다. 정보는 권력을 형성한다. 회사와 직원들 사이에 존재하던 수직적인 권력 관계와 정보의 비대칭이 블라인드라는 소통 공간이 생기면서 조금씩 허물어지고 있다.

블라인드의 기업강령에서 알 수 있듯이 정보의 투명성은 직장인들에게 유용한 정보를 제공해 주고 직장의 건설적인 변화를 가능하게 한다. 김 이사님은 "개인들이 (블라인드를 통해) 정보를 얻고 커리어에 도움이 되었을 때 동기부여를 얻는다. 작은 변화가 모이면 직장이라는 공간이 더 나아질 수 있다는 믿음을 가지고 서비스를 발전시킬 것"이라고 말했다.

블라인드가 강조하는 '정보'는 특별한 것이 아니다. 회사 내에서 할 수 없었던 이야기들, 사원으로서 들을 기회가 없었던 소식들, 직원들끼리의 가장 솔직하며 시시콜콜한 대화들이 모두 귀중한 정보이다. 블라인드는 회사 내부의 인트라넷이나 커뮤니티가 아닌 '제3자'로서 직장인들에게 신뢰와 유용성을 인정받았다. 특정 내부 집단에서 인터넷 활용의 역량, 다양성 및 지각된 유용성이 높을수록 콘텐츠 생산자로서의 참여 수준이 높아진다. 이때 참여는 정보 생산과 공유 활동을 의미하는 것이다(민영, 2011). 블라인드의 이용자들은 단순한 소비자의 역할을 넘어 서로의 직장생활에 도움이 되는 다양하고 유용한 정보의 생산자로서 사회적 네트워킹에 적극적으로 참여하며 스스로 정보의 격차를 줄이고 있다.

우리나라의 기업문화는 미국과 비교하면 훨씬 폐쇄적이고 수직적이다. 기업과 직원 사이, 직원과 직원 사이에서도 정보격차는 매우 크다. 회사 내에서는 건전한 토론이 이루어지지 못하고 직원들끼리의 술자리에서나 다양한 이야기가 오간다. 정상적인 소통 창구가 없다 보니 때로는 기업 내부에서 입증하기 힘든 투서나 무고가 발생해 큰 비용을 치러야 하는 일이 발생하기도 한다. 그러나 정보통신기술이 발전할수록 정보는 평등해진다. 이제 기업은 정보를 감출 수 없게 되었고 감출 필요도 없다. 정보비대칭이 해소될수록 회사와 직원은 정상적인 소통을 통해 서로를 이해할 수 있게 되고, 곪아 있던 문제를 해결해 더 나은 직장을 만들 수 있기 때문이다. 블라인드가 제공하는 익명 채널은 이러한 사회적 요구를 충족해 기업문화를 개선하는 데 도움을 준다.

미국의 기업에는 다양한 국적과 배경을 가진 사람들이 근무한다. 김 이사님은 정보가 투명하게 제공되지 않으면 소수자들이 피해를 볼 가능성이 존재한다고 말했다. 표현의 자유, 평등한 질서를 표방하는 미국 사회이지만 기업 내부에는 보이지 않는 권력 차이가 존재한다. 간단한 예를 들자면, 실리콘밸리에서 정리해고 lay-off나 이직은 매우 흔한 일이다. 그런데 만약 직장에 대한 정보가 없다면 미국에서 일하는 외국인 근로자가 해고당한 뒤 취업비자인 H-1B 비자를 연장하지 못해 고국으로 돌아가야 하는 일이 생길 수도 있다. 이들은 네트워크를 구축하기가 상대적으로 어렵고, 시민권과 비자 등에 대한 문제를 겪고 있다. 이런 상황에서 블라인드에 글을 올려 새로운 일자리에 대한 정보를 공유할 수 있고, 이를 통해 실제로 채용까지 이어지는 경우도 종종 있다고 한다. 커뮤니티가 올바르게 이용되고 있는 좋은 이용 사례이다.

　이용자 수가 증가하면 더 많은 라운지와 채널이 개설되고 폭넓은 범위의 주제가 커뮤니티에서 다뤄진다. 직장인은 기업이 제공하지 않았던 정보에 접근할 수 있게 되고 기업 역시 자사 채널을 관찰함으로써 직원에 대한 이해를 높일 수 있게 된다. 이용자가 늘어날수록 커뮤니티의 효용이 극대화되고 이용자에게 더 큰 가치를 줄 수 있는 '네트워크 효과network effect'가 일어나게 되는 것이다. 블라인드의 데이터는 정보격차를 줄이고 개인의 커리어 발전에 도움을 주며 권력을 분산시켜 조직문화를 변화시킨다.

익명성과 콘텐츠의 품질 향상

익명성이 제대로 보장되지 않았다면 지금의 블라인드는 존재하지 않았을 것이다. 커뮤니티 이름부터 '블라인드'이다. 그만큼 블라인드에서 익명성을 중요한 가치로 여긴다는 말이다. 인터넷이 보급된 이후로 공통의 목표나 관심사를 중심으로 사람들이 네트워크를 형성하고 자신의 의견과 경험을 공유하는 새로운 공간이 생겨나기 시작했다. 스마트폰의 보급 이후 이러한 커뮤니티와 소셜미디어에서의 교류는 폭발적으로 증가했다. 이용자들이 현실에서의 자아에서 벗어나 자유롭게 의견을 피력하고 정보 생산을 하는 데에는 익명성이 바탕이 되었다는 것은 누구나 알고 있는 사실이다. 하지만 익명성이 본질적으로 지니고 있는 약점과 이로 인한 사회문제에 대해서도 많은 논의가 이루어져 왔다. 수많은 익명 커뮤니티가 존재했지만 얼마 가지 않아 사라진 것도 익명성으로 인해 생긴 크고 작은 문제 때문이었다. 지속가능한 플랫폼 운영을 위해서는 익명성의 부작용을 최소화할 수 있는 제도적 장치와 기술, 인적자원 등을 동원한 꾸준한 관리 체계가 필요하다. 블라인드는 자칫하면 몰락의 원인이 될 수 있는 익명성이라는 양날의 검을 어떻게 다루고 있으며, 익명성이 블라인드 내 콘텐츠 품질에 어떤 영향을 미치고 있을까.

우선, 신뢰할 수 있는 수준의 보안이 뒷받침되어야 한다. 블라인드 가입 시 회사 메일로 자신이 재직자임을 인증한 뒤에는 회사 메일 데이터가 따로 저장되지 않기 때문에 자신에 대한 정보가 철저하게 가려진다. 쉽게 말해서 누가 어떤 게시글을 올렸는지 회사에서 알 방법이 없다. 또한, 한국과 미국에서 특허 받은 보안 로직을 사용해 안전성도 갖추고 있다고 한다. 김성겸 이사님은 홍콩에서 열린 〈월스트리트저널 테크 컨퍼런스 2019〉에서 블라인드의 성공요인으로 '보안에 대한 유저들의 신뢰'를 꼽았을 정도로 보안에 대한 자부심이 있었다. 개인정보 처리에 대한 문제는 많은 IT기업들이 피해 가지 못한 이슈이지만 현재까지 블라인드에서는 이에 관련한 문제는 발생하지 않았다.

악성 댓글, 허위 사실, 혐오 발언 등은 익명성으로 인해 나타날 수 있는 고질적이고도 심각한 문제이다. 악성 콘텐츠를 사전에 방지하고 실시간으로 모니터링하는 것이 관건이다. 이는 커뮤니티의 지속가능성과 직접적으로 연관된 문제이기에 커뮤니티는 항상 촉각을 곤두세울 수밖에 없다. 다른 익명 커뮤니티와 블라인드의 근본적인 차이점은 현실과 익명 공간 사이에 '일'이라는 연결고리가 있다는 점이다. 이용자들은 자신의 회사 이름을 내걸고 글을 작성해야 한다. 커뮤니티 내에서 자신의 정체성은 회사와 분리될 수 없으며 작성하는 게시물이 회사의 이미지로 이어진다는 인식을 갖게 된다. 이로 인해 글을 작성하기 전에 한 번 더 숙고하게 되면서 콘텐츠의 품질이 향상된다.

발전하는 인공지능 기술과 알고리즘은 커뮤니티 내의 부적절한 콘텐츠를 실시간으로 감시하고 처리하는 데에 큰 역할을 하고 있다. 블라인드 역시 이러한 기술을 도입하여 사용하고 있으면서도 사람의 역할 또한 처음부터 강조해 왔다. 아무리 기술이 고도화되어도 게시글의 문맥과 뉘앙스를 완벽하게 읽어 낼 수는 없다. 사람이 개입하지 않으면 해결할 수 없는 영역이 아직은 존재한다. 온갖 첨단기술을 선도하는 실리콘밸리의 IT기업들 역시 최근에는 기술의 한계를 인식하고 인간과의 협업이 필수적임을 인정하고 있다. 하루에도 수없이 올라오는 불법, 폭력, 혐오 게시물 등을 모니터링하고 삭제하기 위해 페이스북은 2017년 콘텐츠 모더레이터content moderator를 4,500명 채용했다. 블라인드 역시 직원들이 실시간으로 게시글을 관리하는 동시에 이용자들에게 신고를 적극적으로 권장하고 있다. 일반적인 커뮤니티에 비해 훨씬 더 엄격한 기준과 이용자들의 신고, 직원들의 실시간 대응과 기술의 협업은 발생할 수 있는 사건·사고를 방지하고 최소화하고 있다.

온라인 커뮤니티 이용자는 다른 구성원들이 자신의 아이덴티티를 얼마만큼 인지하고 있는지에 따라 자신을 긍정적으로 표현하고자 하는 욕구가 높아져 적극적으로 토론에 참여하고 좋은 정보를 제공하는 경향이 있다. 또한, 커뮤니티 내에서 어느 정도 타인에게 인지된 자신의 아이덴티티로 인해 스스로의 언행을 검열하고 통제하는 노력의 정도가 높아져 익명 커뮤니티에서 발생할 수 있는 부작용이 감소할 수 있다. 더불어, 커뮤니티 내에서 취미나 특기, 직업군과 같은 공통의 관심분야와 주제가 형성될수록 이용자들 사이의 친밀도가 상승하게 되고, 깊이 있는 의견 교환과 상호작용이 일어날 수 있다(신지명, 2011). 블라인드에서는 회사 이름이 커뮤니티 속 자신의 정체성에 영향을 미친다. 또한, 다양한 토픽을 만들고 비슷한 사람들을 연결해 주는 구조는 커뮤니티 내 공론장을 활성화하고 콘텐츠 품질을 높인다. 커뮤니케이션을 늘리며 지속가능한 플랫폼을 만들기 위한 블라인드의 정책은 익명 커뮤니티가 지향해야 할 방향성을 제시해 주고 있다.

블라인드를 통해 기업문화가 개선된다

회사 차원에서는 외부에 알려지지 않을 수 있었던 정보가 인터넷을 통해 널리 알려지는 것이 달갑지는 않을 것이다. 그렇다고 블라인드를 사용하지 못하게 막거나 채널을 폐쇄할 권한은 회사에 있지 않다. 실제로 블라인드를 통해 우버의 잘못된 사내 문화에 관한 토론이 벌어진 적이 있는데, 당시 우버는 사내 와이파이로 블라인드 앱에 접속하지 못하도록 했다는 의혹을 받은 적이 있다. 이 사건 이후 오히려 우버 직원들의 블라인드 가입자 수는 약 천명 이상 증가했다. 블라인드 서비스 초기에는 많은 회사로부터 게시물 작성자를 찾고 싶다는 문의메일을 받았다고 한다. 하지만 최근에는 블라인드 내의 정보를 어떻게 하면 커뮤니케이션에 전략적으로 활용할 수 있을지에 대해 고민하는 회사들이 늘어나고 있다. 블라인드에 축적된 정보는 특정 기업이슈에 대해 빠른 대응을 가능하게 하고 조직운영에 인사이트를 제공한다.

직원들이 사내 소통이 원활하지 않다고 생각할수록 익명 채널을 사용할 가능성이 크다. 회사에서 어떤 문제가 발생했을 때 그것에 관해 이야기할 창구가 없다고 생각되거나, 오프라인에서 문제해결을 시도했지만 그것이 실패했을 경우 온라인으로 문제를 해결하려는 경향이 있는 것이다. 익명 커뮤니티나 블로그 등에 이슈가 생성되고 나면 포털과 매스미디어를 통해 이슈가 확산된다.

일단 확산이 시작되면 발 빠른 대응이 힘들어지므로 기업은 온라인 기업이슈에 대한 모니터링을 강화하고 신속한 대응을 할 수 있도록 하며, 소비자의 반응을 받아들일 수 있는 피드백 체계를 구축해야 한다(김종현, 2010). 그렇기 때문에 회사 입장에서 블라인드는 회의에서 드러나지 않는 직원들의 생생한 반응을 참고할 수 있는 매우 유용한 매체인 것이다.

블라인드는 직원을 위한 서비스도 아니고 회사를 위한 서비스도 아니다. 블라인드가 하는 일은 그저 직원들이 이야기할 수 있는 공간을 만들어 주는 것이다. 소통이 활성화될수록 가치 있는 데이터가 모이게 되고 앞서 살펴보았듯 정보비대칭이 해소된다. 기업은 게시물을 통해 직원에 대한 이해를 높이고 기업이슈에 대한 대응과 적절한 해결책에 대해 고민할 수 있다. 이러한 의미에서 블라인드는 '제 3자로서 공정하고 객관적인 플랫폼'을 지향한다. 문성욱 대표님은 "직장인들의 목소리가 모여 이 세상에 변화가 생겨난다면 개인적으로 아주 즐거울 것"이라고 말하며 블라인드를 통해 선한 영향력을 행사할 수 있는 것을 궁극적인 목표로 삼고 있다(고승연, 2019).

블라인드 한국 서비스에서는 2019년부터 임직원들의 평가를 기반으로 직장인 행복도를 조사해 '블라인드 지수'를 개발했다. '개인적 행복도', '직장 만족도', '직장 충성도'로 이루어진 세 가지 상위항목과 더불어 '업무 자율성', '신뢰', '복지', '스트레스', '워라

밸Work-Life Balance', '표현의 자유', '동료 지원', '상사 지원', '업무 자신감', '업무 의미감'의 하위항목으로 조사된 기업의 행복 지수는 블라인드 웹사이트에서 쉽게 찾아볼 수 있다. 재직자는 1960년대부터 2020년대까지 블라인드 지수에 따라 해당 기업이 어느 수준에 머물러 있는지 가시적으로 파악할 수 있다. 블라인드는 블라인드 지수 상위 1% 기업을 선정해 '재직자가 행복한 기업' 랭킹을 발표한다. 2019년 재직자가 행복한 기업 상위 9개 회사는 구글코리아, 데브시스터즈, 부산교통공사, 비바리퍼블리카, 선데이토즈, 한국원자력연구원, SAP코리아, SK이노베이션, SK텔레콤으로 조사되었다(블라인드, 2020). 물론 이 랭킹이 절대적인 것은 아니다. 그렇지만 국내에서 블라인드의 존재감은 무시할 수 없는 수준인 만큼 구직자와 재직자, 회사에 영향력을 발휘하는 것은 사실이다. 단순히 회사를 객관적으로 평가하는 지표가 아닌 회사를 다니는 직장인의 행복도를 측정한다는 점에서 '블라인드 지수'는 블라인드라는 회사가 추구하는 바를 잘 보여 준다. 뿐만 아니라 블라인드는 워라밸, 주 52시간 근무제 등에 대해 직장인들을 대상으로 설문조사를 시행하는 등 조직문화 개선에 대해 지속적인 관심을 기울이고 있다.

김 이사님은 기업들이 이러한 자료를 통해 직원들의 반응을 이해하는 것만으로도 조직의 개선에 큰 도움이 된다고 말했다. 특히 한국에서는 새로운 세대가 시장의 주인공으로 등장하면서 일과 삶의 균형에 대한 논의가 활발해졌고 제4차 산업혁명과 맞물려 조직의 체질을 개선하려는 움직임이 일어나고 있다. 기업의 흥망을 결정할 수도 있는 조직의 문화가 하루아침에 바뀌는 것은 아닐 것이다. 변화의 시작은 이해로부터 출발한다. 그렇기에 회사는 직원들을 이해하기 위해 직원들의 블라인드와 같은 소통 공간의 이용을 통제하기보다 오히려 권장하고, 이들의 이야기를 전략적 커뮤니케이션에 적극적으로 활용해야 할 것이다.

커뮤니티 서비스를 넘어 직장인 전용 플랫폼으로

커뮤니티 서비스로 시작한 블라인드는 직장인 데이터를 활용해 비즈니스 모델을 확장하고 있다. 링크드인이나 글라스도어Glassdoor 등 리크루팅recruiting (채용) 관련 글로벌 서비스의 시장가치는 조兆 단위로 평가된다. 특히 미국 테크 기업의 경우, 능력 있는 인재를 채용하고 인재가 다른 회사로 떠나지 않도록 업무관여도를 높이기 위해 큰 비용을 지출하고 있다. 수요가 줄지 않는 구인·구직 시장에서 블라인드에 축적된 데이터는 비즈니스적 활용가치가 대단히 크다. 이를테면 블라인드에 축적된 직장인 데이터는 기업의 HR Human Resource (인사관리) 부서와 연계한 B2B 사업의 비즈니스 모델로 활용될 수 있을 것이다. 실제로 블라인드에서도 데이터를 활용해 사용자와 기업 모두 이익을 얻을 수 있는 방향으로 서비스를 구상하고 있다는 답변을 들을 수 있었다.

　2019년 6월, 블라인드는 직장인을 위한 온라인 취미 클래스인 '비스킷'을 한국에 출시했다. 앞서 말했듯이 주 52시간 근무제가 시행되며 일과 삶의 균형을 찾는 직장인이 늘고 있고, 자연스레 여가와 자기계발에 대한 수요 역시 증가하고 있다. 취미 및 자기계발 시장은 앞으로도 꾸준한 성장이 기대되며 이미 '프립', '클래스101' 등이 온라인 취미 시장을 선점했다. 블라인드는 경쟁에 본격적으로 불이 붙은 시장에 후발주자로 뛰어든 셈인데, 취미에 대한 직장인들의 요구를 파악하고 그들이 원하는 클래스를 개설하기 위해서 역시 블라인드가 가지고 있는 데이터가 유용하게 사용될 수 있을 것이다.

　한편 김성겸 이사님과의 대화를 통해 미국과 한국의 앱 사용 패턴 차이에 대한 흥미로운 이야기를 들을 수 있었다. 미국은 워낙 땅이 넓고 다양한 사람들이 살고 있는 만큼 지역별로 기업의 문화가 다르기도 하고, 개인의 특성이 엄청나게 다양하다. 사용자들이 블라인드 내에서 공감대를 형성할 수 있는 주제는 단 하나, 커리어 관련 정보다. 이들은 철저히 정보를 얻기 위해 앱을 사용하는 반면, 인구 밀도가 높고 단일 의식이 만연한 한국의 사용자들은 개인적인 이야기에도 공감대가 훨씬 잘 형성된다. 이 때문에 한국 블라인드 앱에서는 결혼생활에 대한 고민, 데이트 비용에 대한 생각 등 직장과 직접적인 관련이 없으면서 지극히 개인적인 주제들이 많이 오고 간다. 직장인 커뮤니티로서 이러한 소소한 이야기들을 놓치지 않고 사업을 위한 재료로 활용해 직장인의 행복과 관련지었다는 점에서 블라인드의 비즈니스적인 통찰력이 느껴졌다. 동시에, 직장인의 더 나은 삶에 대한 그들의 고민 또한 느낄 수 있었다.

블라인드는 사용자들의 이용 패턴에 맞게 미국에서는 커리어 컨설팅 플랫폼 '루프탑 슬러시'를 론칭했다. 이직을 준비하고 있는 직장인들이 희망하는 회사나 업무에 대해 질문을 올린 후 금액을 책정하면 해당 회사의 현직자들이 답변을 달아 주는 방식의 서비스이다. 루프탑 슬러시에서는 블라인드 게시판에서 얻을 수 없었던 보다 전문적인 정보를 얻을 수 있다. 블라인드를 통해 형성된 페이스북, 아마존, 구글 등의 기업에서 일하는 현직 전문가 네트워크는 루프탑 슬러시의 가장 큰 자산이다.

이직이 보편화된 미국에서는 글라스도어와 링크드인이 구직을 위해 가장 많이 사용되는 서비스이다. 루프탑 슬러시와 이들의 서비스는 상호보완적으로 구직자에게 도움을 준다. 글라스도어에는 직장에 대한 수많은 평가 데이터가 축적되어 있고, 링크드인에서는 직장인들끼리 쉽게 연결될 수 있다. 루프탑 슬러시에서는 구직에 필요한 구체적이고 실용적인 정보를 빠르게 얻을 수 있다. 현재 약 5만 개 기업의 전문가들이 루프탑 슬러시에서 활동하고 있는데 여기에 블라인드 이용자들이 자연스럽게 유입되면서 활용 사례가 많아진다면 네트워크 효과를 통해 새로운 니즈가 창출되며 플랫폼이 성장할 수 있을 것이다.

블라인드는 국가별 특성과 환경, 사용 패턴 등을 바탕으로 커뮤니티 서비스를 넘어 새로운 영역에서 비즈니스 모델을 만들고 있다. 현재 블라인드의 주요 수익모델은 광고인데 안정된 수익을 창출하고 사업 다각화를 통해 직장인 전용 플랫폼으로 거듭나기 위해선 앞으로 몇 년이 매우 중요한 시기일 것이다. 새로운 영역에서 후발주자인 블라인드가 성과를 거두기 위해서는 경쟁자들과 차별화된 콘텐츠가 필요하다. 그리고 이들의 경쟁력은 블라인드에 모인 직장인들의 일상적인 대화로부터 나온다.

블라인드가 불러일으키고 있는 변화

AJ 미디어 루키스 프로그램을 통해 소중하고 값진 경험을 많이 했는데 그중에서도 블라인드를 주제로 글을 쓰게 된 솔직한 이유는 김성겸 이사님과의 대화를 통해 긍정적인 기운과 동기부여를 가장 많이 얻었기 때문이다. 나뿐만 아니라 함께한 다른 친구들 모두 대화에 빠져들었고, 약속된 두 시간이 끝나 갈 때쯤 내 옆자리에 앉아 있던 규웅이가 마지막 질문을 던졌다. "이사님의 인생 목표는 무엇인가요?" 답변은 우리의 예상을 빗나갔다.

좋은 사람이 되는 것이 목표에요. 창업자들도 비슷한 생각을 가지고 있어요. 회사를 좋아하는 이유도 회사에 좋은 사람들이 많이 있고 제가 만드는 서비스가 좋은 일을 하고 있다고 믿기 때문이에요. 저에게 아내와 잘 사는 것보다 중요한 것은 없어요. 그러기 위해서는 좋은 사람이 돼야 하고 그러다 보면 사업도 잘 될 것이라고 생각해요.

블라인드를 한 번도 사용해 본 적이 없었지만 신뢰가 생겼다. 직원들이 사람과 일에 대해 좋은 가치관을 갖추고 있다면 서비스를 대하는 자세 또한 진지하고 진실될 것이다. 블라인드에는 직장인의 삶과 관련된 이야기가 오고 간다. 그들은 더 좋은 직장, 더 좋은 삶을 원한다. 삶은 일터와 완전히 분리될 수 없고 직장인들은 대부분의 시간을 직장에서 보낸다. 직장이 행복하지 않은 곳으로 인식되는 순간 삶 역시 피폐해지는 것이다. 블라인드는 "사람들이 살아가는 이야기가 모여, 변화를 만들어 낼 수 있다면?"이라는 질문으로부터 시작했다. 이런 생각에 동조해 320만 명의 직장인이 가입한 글로벌 서비스가 탄생했다. 이들이 블라인드를 통해 얻고자 하는 목적은 저마다 다르겠지만, 확실한 것은 블라인드가 직장인들의 삶을 좋은 방향으로 변화시키는 데 작지 않은 영향력을 행사하고 있다는 것이다.

블라인드의 채널을 구성하고 있는 '날것의' 데이터는 기업에 집중되어 있었던 권력을 해체한다. 이용자들은 접근할 수 없었던 정보를 알게 되고 정보비대칭이 해소된다. 기업 차원에서도 이들의 이야기는 두려움의 대상이 아닌 커뮤니케이션에 가치 있게 활용될 수 있는 자원이다. 익명 공간에서 자발적으로 이루어지는 이야기는 그 무엇보다 솔직하고 있는 그대로이기 때문이다. 물론 이는 모두 신뢰성이 바탕이 되어야 가능한 것인데, 블라인드는 견고한 보안과 더불어 익명성과 회사 이름을 결합하는 방식으로 콘텐츠 품질에 대한 믿음을 얻었다.

다양한 활용 사례가 생겨나고 서비스가 기반을 잡아 가면서 블라인드는 취미 및 채용시장으로 영역을 넓혔다. 일자리를 구하는 것부터 시작해 직장생활은 물론이고 퇴근 후나 주말을 이용한 직장인의 여가생활까지 아우르는 직장인 전용 서비스로 사업을 다각화하겠다는 것이다. 직장인 데이터를 익명성과 배타성을 최대한 유지하는 범위 내에서 활용하며, 그것을 그저 매출을 위한 수단이 아닌 지속가능한 플랫폼을 위해 사용하고자 하는 것이 블라인드의 목표이다. 현재는 미국 내에서 테크 기업 위주로 조성된 사용자층을 다양한 산업군으로 확대하고 안정적인 수익화 모델을 만드는 것을 과제로 삼고 있다고 한다.

블라인드를 '성공한' 서비스라고 평가하기에는 시기적으로 이르다. 그렇지만 소통을 통해 '변화'를 일으킬 수 있다고 믿는 사람들

블라인드 사무실에서의 단체 사진. 우리는 모두 블라인드의 팬이 되었고
노트북, 수첩 등에 블라인드 로고 스티커를 붙여 댔다.

이 모인 곳이 블라인드다. 블라인드라는 커뮤니티를 이용하는 직
장인이 늘어나고, 쉽게 털어놓을 수 없는 이야기들이 그곳에 켜켜
이 쌓여 간다는 것은 어쩌면 소통이 부족한 우리 사회의 반증이라
는 생각도 든다. 바람직한 변화를 지향하는 블라인드의 철학은 사
회적 요구에 응답하며 세상에 '선한 영향력'을 끼치고 있다.

　　최근 교내 브랜드컨설팅학회에서 브랜딩과 마케팅을 공부하고
실제 스타트업과 협업해 프로젝트를 진행하며 다양한 경험을 쌓
고 있는데, 블라인드의 문제 정의 및 해결방식을 통해 추가적으로
생각해 볼 만한 시사점을 찾을 수 있었다. 우선, 블라인드의 글로
벌 DNA에 대한 것이다. 블라인드는 글로벌 플랫폼으로서 미국에

서 입지를 굳히고 있다. 토종 인터넷기업이 해외시장에서 뚜렷한 존재감을 발휘하지 못하는 상황에서 블라인드의 성과와 앞으로의 행보는 주목할 만하다.

두 번째는 기업의 진정성에 대한 것이다. 자사의 서비스가 지닌 가치에 대한 확신과 그것을 바탕으로 한 일관성 있는 서비스가 브랜딩에 있어 매우 기초적이면서도 중요한 요소인데, 김성겸 이사님과의 대화를 통해 이러한 블라인드의 진정성이 마음에 와 닿았던 기억이 난다. 블라인드는 직장인이 맞닥뜨리는 다양한 문제를 커뮤니케이션 기술로 해결하고자 한다. 내년에 학교를 졸업하고 직장인의 삶을 살게 된다면 블라인드의 가치에 더 깊게 공감할 수 있지 않을까 기대하며 글을 마친다.

더 생각해 보기

1 우리나라에서 시작한 미디어·커뮤니케이션 벤처산업이 글로벌 시장에 성공적으로 진출하기 위한 조건은 무엇일지 토론해 봅시다.

2 새로운 미디어 테크놀로지를 활용해 사회의 커뮤니케이션을 활성화할 수 있는 또 다른 모델에는 어떤 것이 있을까요?

3 미디어 플랫폼의 기획에서 비즈니스적 가치와 아울러 사회적 가치를 추구하는 모델이 필요한 이유는 무엇인지, 또한 어떠한 모델이 실제로 가능할지 토론해 봅시다.

참고문헌

고승연(2019), "벽보 붙이고 발로 뛰었다. 모두가 실패할 거라던 미국 시장이
열렸다", 〈동아비즈니스리뷰〉, 2019년 6월호.

김종현·박기우·권순재(2010), "온라인상에서 기업이슈 생성 및 확산", *Korea Business Review*, 14(2): 81~103.

민 영(2011), "인터넷 이용과 정보격차: 접근, 활용, 참여를 중심으로", 〈언
론정보연구〉, 48(1): 150~187.

신지명·김경규·박주연(2011), "사회적 익명성이 커뮤니티 품질에 미치는 영
향", 〈한국전자거래학회지〉, 16(4): 257~281.

이현아(2019), "블라인드에 대한 오해를 말하다: 문성욱 대표", *HR Insight*,
2019년 1월호.

Harari, Y. 저, 조현욱 역(2015), 《사피엔스》, 46~48, 김영사.

루프탑 슬러시 웹사이트. (https://www.rooftopslushie.com)

비스킷 웹사이트. (https://www.mybiskit.com)

블라인드 공식 블로그. (https://blog.naver.com/teamblind)

블라인드 미국 웹사이트. (https://www.teamblind.com)

블라인드 한국 웹사이트. (https://www.teamblind.com/kr)

첫 번째 'AJ 미디어 루키스 프로그램'을 마치며

한 사람의 인생의 방향이 바뀌게 되는 계기는 다양하다. 문득 통찰력이 있는 책을 읽거나, 영감을 주는 선생을 만나거나, 일상에서 쉽게 경험하지 못한 일들을 겪을 때 우리는 삶의 의미나 앞으로 살아갈 방향에 대해 다시 생각하게 된다. 특히 여행은 익숙한 환경을 벗어나 낯선 곳에서 새로운 경험을 하게 함으로써 인생에 새로운 자극을 주는 매우 중요한 계기가 된다. 더군다나 특정한 목적을 갖고 동료들과 함께하는, 그러면서도 출장과 달리 약간의 여유가 있는 일종의 견학 여행이라면 충분히 인생의 방향을 바꿀 수 있는 훌륭한 전환점이 될 수 있다.

2019년 8월에 시행한 'AJ 미디어 루키스 프로그램' 시즌 1 – 에피소드 1은 글로벌 미디어 생태계의 역동적인 변화를 주도하고 있는 미국 캘리포니아의 미디어 환경을 미디어 분야에 입문한 지 얼마 되지 않은 학생들이 직접 탐방하고 생생하게 경험하게 함으로써 미래의 우리나라 미디어 생태계를 이끌어 갈 수 있는 뛰어난 미디어 지성으로 성장할 수 있도록 돕자는 취지로 기획됐다.

보름 동안 여러 기업과 대학교를 방문하고 다양한 활동을 하면서 우리가 배우고 느낀 점들은 학생들이 각자 작성한 에세이에 잘 정리되어 있다. 부록처럼 제시한 지도나 포토 다이어리에도 그 흔적들이 잘 나타나 있다. 그럼에도 불구하고 마동훈 교수님과 같이 프로그램을 기획하고 학생들을 인솔한 입장에서 '캘리포니아의 미디어 전경 탐색'의 결과를 간단하게 몇 가지로 요약하면 다음과 같다.

첫째, 미국의 미디어 생태계, 특히 로스앤젤레스나 실리콘밸리 생태계를 움직이는 것은 새로운 지능정보기술과 엄청난 자본이라는 것이다. 구글, 우버, 넷플릭스 등의 최고 기업들은 엄청난 데이터를 수집하고 인공지능으로 이 데이터를 처리하여 서비스 제공이나 가격 결정 등에 활용하고 있다. 지능정보기술에는 상당한 투자가 수반되며, 영화와 같은 콘텐츠 생산도 역시 자본을 보유한 스튜디오 등이 좌지우지하는 상황으로 변화했다. 결국 미디어 생태계에서 기업이 생존하고 성장하려면 기술과 자본의 확보가 전제되어야 하며, 향후 미디어 엘리트를 꿈꾼다면 미디어산업의 기술과 자본에 대한 이해는 필수적으로 갖추어야 한다.

둘째, 기술이 중요하지만 그 기술을 수용하고 활용하는 사람의 역할이 더욱 중요하다는 것이다. 예를 들어, 유튜브나 블라인드에서는 유해한 콘텐츠를 가려내거나 중요한 내용을 고르기 위해 인공지능기술을 활용하고 있지만 사람이 직접 개입하여 관리하는 것도 병행한다. 뿐만 아니라 이 기업들은 대부분 가입자(이용자) 기반이나, 더 나아가 충성도를 가진 팬덤을 기반으로 부가가치를 창출하고 있다. 또한 글로벌 미디어기업에서는 엔지니어의 가치를 높이 평가하지만 엔지니어들과 협업하면서 프로덕트 전체를 끌고 가는 매니저의 역할도 매우 중시한다. 그렇기에 공과대학이 아닌 미디어학부를 졸업해도 사람과 사회 그리고 문화에 대한 식견을 갖추고 있다면 충분히 기술기반의 글로벌 미디어기업에서 일할 수 있는 기회를 찾을 수 있다.

셋째, 글로벌 미디어 생태계는 도전하는 기업과 사람들에게 여전히 개방적이기에 우리는 협소한 우리나라 시장을 벗어나 미국 시장에서 도전할 필요가 있다는 것이다. 로스앤젤레스 한복판에서 K-팝으로 수많은 미국의 젊은이들을 불러 모은 KCON이나, 미국 본토에서 직장인 온라인 커뮤니티 만들기에 성공한 블라인드의 사례는 우물 안 개구리를 벗어나 큰 무대에서 도전해야 함을 일깨워 줬다. AJ 미디어 루키스 프로그램을 통해 캘리포니아에서 우리가 만났던 한국인들은 최근 국내 스타트업들이나 취업 준비생들이 대부분 내수용으로 머무는 상황을 지적하면서 학생들에게 적극적으로 해외의 문을 두드리고 도전할 것을 한목소리로 주문했다.

필자는 'AJ 미디어 루키스 프로그램'에 다녀온 뒤 상기한 세 가지 배운 점을 토대로 과거의 인재상과는 다른 새로운 미디어 엘리트의 양성이 필요하다는 확신을 갖게 됐다. 실제로 우리가 방문했던 미국의 선진적인 대학교들은 새로운 미디어 엘리트를 양성하기 위해 교육비전과 목표, 교과과정을 이미 혁신적으로 개편했고 글로벌 미디어기업들은 미디어 생태계의 개인, 사회, 산업적인 문제들을 주도적으로 해결할 수 있는 융합적인 핵심인재를 적극적으로 충원하고 있었다. 이런 확신은 2020년 상반기 4단계 BK21 사업 준비단계에서 고려대학교 미디어학부의 비전을 "지능정보사회가 요구하는 글로벌 미디어 지성을 양성하고 미디어 생태계를 변화시키는 톱 미디어 스쿨을 실현"하는 것으로 설정하게 했고, 결과적으로 우리 미디어학부가 4단계 BK21사업에 선정되는 좋은 결과로 이어졌다.

한편, AJ 미디어 루키스 프로그램은 미디어학부를 톱 미디어 스쿨로 발전시킬 중요한 비전과 방향을 다시 확인하는 계기가 되었을 뿐만 아니라 이 프로그램에 참여한 학생들이 개인적인 인생의 방향을 바꿀 수 있는 좋은 기회가 됐다. 실제로 열두 명의 학생들은 '백문불여일견'이라는 말처럼 미디어 생태계의 변화와 그 변화를 주도하는 주요기업들의 혁신 그리고 그 혁신의 중심에서 활약하는 뛰어난 인재들을 직접 만나고 경험하면서 자신들의 진로에 대해 진지하게 고민을 하게 됐고, 기존의 틀을 벗어나 새로운 시각에서 전공이나 졸업 후의 진로에 대해 대안을 찾게 됐다. 그런 의미에서 이 프로그램의 가장 큰 보람은 미디어 분야 초보자(루키)에 불과했던 우리 학생들이 향후 글로벌 미디어 생태계의 혁신적인 변화와 도전을 총체적으로 이해하고 미디어의 미래를 주도적으로 개척할 미디어 지성으로 성장하겠다는 영감과 열정을 갖게 된 것이라는 생각이 든다.

무엇보다 AJ 미디어 루키스 프로그램을 회상할 때 가장 많이 떠오르는 것은 우버 이용과 관련한 기억들이다. 우리에게 주어진 후원은 풍족했지만 우리는 가급적 비용을 절감하기 위해 미국 현지에서 14명이 모두 같이 탈 수 있는 버스를 대여하는 대신 늘 우버 차량 4대로 나누어 이동했다. 저렴한 호텔과 식당도 직접 예약하여 경비를 아낄 수 있었다. 항공료를 절감하기 위해 대만을 거쳐 미국으로 가는 항공편을 이용했던 기억도 있다. 다소 불편한 점도 있었겠지만 누구도 불평하지 않고 매 순간을 배움과 체험의 기회로 생각하며 오히려 즐겁게 임할 수 있었다.

프로그램 일정에 포함됐던 KCON이나 〈컴포트 우먼Comfort Women〉 공연을 본 것도, LA다저스의 야구 경기를 보며 맥주를 마셨던 것도 잊지 못할 추억인데, 샌프란시스코에서 잠깐 주어졌던 자유시간에 학생들 몇 명과 함께 예정에도 없이 안개가 자욱한 금문교를 한 시간 동안 걸어서 건넜던 것이 선명하게 기억에 남아 있다. 부디 함께 금문교를 걸어서 건넜던 학생들이 그때의 감동을 잊지 않고 험한 세상의 다리와 같은 존재로 성장하기 바라는 마음이다.

돌이켜 보면, 마동훈 교수님의 선지적인 혜안과 AJ네트웍스 문덕영 부회장님의 통 큰 후원으로 기획된 'AJ 미디어 루키스 프로그램'은 학생들의 열정적인 참여와 현지 여러 전문가들의 따뜻한 도움으로 성공적으로 실행될 수 있었다. 코로나19 사태로 인해 일상생활은 물론 국내여행이나 해외여행에 상당한 제한을 받고 있는 현 상황에서 돌아보면, 2019년 여름에 학생들과 함께 캘리포니아에 다녀온 것이 큰 축복처럼 느껴진다.

우선 따뜻한 카리스마로 기획 단계부터 실제 프로그램 실행, 그리고 이 책을 편찬하기까지 모든 과정을 훌륭하게 이끌어 주신 마동훈 교수님께 깊은 감사를 드린다. 젊은 후배들의 미래를 위해 아낌없는 후원을 해주신 문덕영 부회장님께도 특별한 감사를 표하고 싶다. 열정적으로 이 프로그램에 참여했던 열 명의 학부생들과 두 명의 대학원생들에게도 감사하다. 이들이 있었기에 함께 웃고 떠들며 배웠던 그 모든 시간들이 소중한 선물이었다. 마지막으로 이 프로그램이 안전하고 충실하게 진행될 수 있도록 도와주셨던 모든 분들께, 특히 캘리포니아 현지에서 우리에게 도움을 주셨던 분들께 진심으로 감사한 마음을 전하고 싶다.

　우리의 특별했던 첫 번째 여정을 기록한 이 책이 많은 젊은이들에게 공유되기를 바란다. 또한 지금은 코로나19 사태로 인해 잠시 멈추어 있지만 '미디어 루키스'의 또 다른 여정이 계속 시도되기를 바라는 마음이다.

2021년 3월

김 성 철

저자소개

마동훈

고려대 신문방송학과를 졸업하고 같은 학교에서 언론학 석사학위를 받은 후 영국 리즈대(University of Leeds)에서 대중문화의 생산과정에 대한 사회학적 연구로 커뮤니케이션 박사학위를 받았다. 현재 고려대 미디어학부 교수로, 역사학 및 사회학적 관점에서 미디어 문화를 가르치고 연구한다. 전북대 신문방송학과 교수 및 미국 텍사스 주립대(오스틴), 라이스대, 영국 맨체스터대, 우간다 크리스천대 초빙 방문교수 등을 지냈다. 국제커뮤니케이션학회(ICA) 영상연구(Visual Studies) 회장을 지냈으며 〈한국언론학보〉, 〈한국방송학보〉, 〈언론과 사회〉, *Asian Communication Research* 등 주요 학술지 편집장으로 활동했다. 고려대에서는 대외협력처장, 〈고대신문〉 주간, 미디어학부장 및 언론대학원장, 미래전략실장을 지냈다. 〈중앙일보〉, 〈매일경제〉, 〈한국일보〉의 고정 필진으로 글을 쓰고 있다. 최근에는 〈창의적 미디어 기획과 표현〉, 〈미디어와 대중문화〉, 〈미디어 역사와 철학〉을 강의하고 연구하고 있다.

김성철

현재 고려대 미디어학부 교수이며 4단계 BK21 미디어학 교육연구단장과 연구기획위원회 사회단장을 맡고 있다. 서울대 경영학과를 졸업하고 같은 학교에서 경영학 석사학위를 받은 후 미국 미시간주립대에서 미디어(텔레커뮤니케이션) 전공으로 석사학위와 박사학위를 취득했다. SK에서 13년간 정보통신분야 신규사업을 담당했고 개방형 직위인 서울특별시 정보시스템담당관(과장)을 거쳐 카이스트(구 한국정보통신대) IT 경영학부 부학부장, 한국전자통신연구원(ETRI) 초빙연구원, 고려대 부설 정보문화연구소장, 한국미디어경영학회 회장, 한국정보사회학회 회장, 고려대 도서관장, 한국과학창의재단 이사, 국가 정보통신전략위원회 민간위원을 역임했다. 국제학술지 *Digital Business*의 편집위원장이며, 미디어산업연구센터, 지능정보기술과 사회문제 연구센터(한국연구재단 SSK사업 대형센터), 스마트미디어 서비스 연구센터(과학기술정보통신부 ITRC)를 이끌며 치열한 미디어 생태계 내의 기업과 정부가 필요로 하는 전략과 정책에 대한 초학제적인 융합연구를 선도하고 있다.

윤동민 (1장, 고려대 미디어학부 4학년)

영화감독이 되고 싶어 미디어학부에 진학했지만 3학년이 되기까지 명확한 진로를 찾지 못했다. 각 분야의 전공수업들을 들어 본 후 경제학을 이중전공으로 선택했지만, 미디어만이 나의 길임을 깨닫고 미디어학 심화전공으로 복귀했다. AJ 미디어 루키스 프로그램을 통해 ICT가 가져올 미래를 엿보고 앞으로 미디어 정책 및 법을 공부하겠다고 다짐했다. 현재는 대구에서 변호사가 되기 위하여 공부 중이다. 미디어는 나에게 '가슴 뛰는 목표와 설렘'이다.

김희수 (2장, 고려대 미디어학부 2학년)

고등학교 기숙사 시절부터 지금까지 이곳저곳 떠돌아다니며 독립해 산 지 6년, 악바리 생활력의 소유자이다. 역마살이 단단히 낀 건지, 관심분야도 여기저기로 퍼지게 되었다. 그렇게 붙은 별명이 투머치(too much)이다. 그래서 IT였나 보다. 똑같은 걸 오래 파지 못하는 성격이라 급변하는 무언가를 찾아야 했는데, 〈미디어경영〉 수업과 실리콘밸리 탐방에서 본 IT분야는 눈 깜박하면 바뀌었기에 정신 차리고 공부해야 하는 것이었다. '정보불균형'이라는 거대한 사회적 문제에 관심이 있으며, 획기적인 미디어 플랫폼을 통해 이를 조금이나마 해결하고픈 작은 소망이 있다. 미디어는 나에게 '시작이자 끝'이다.

박초원 (3장, 고려대 미디어학부 2학년)

도전을 좋아하면서도 무서워하는 이상한 '쫄보'다. 꿈을 갖기 위해 다양한 도전을 했고, 그 결과 6개의 동아리 활동을 하며 보도사진학회장을 맡기도 했다. 2019년 여름 역시 큰 도전의 시간이었다. 미국이라는 새로운 곳에서 나는 미디어의 무궁무진한 확장성과 연결성을 온몸으로 느끼고 돌아왔다. 도전의 설렘에 비하면 한계를 마주하는 것은 아무것도 아니라는 것을 깨달았다. 특히 실리콘밸리의 기업과 그곳의 종사자들을 만나며 창업을 통해 사회의 다양한 문제를 해결해 보고 싶다는 꿈을 갖게 되었다. 미디어는 언제나 나를 '도전'하게 해준다.

이해원 (4장, 고려대 미디어학부 2학년)

유난히 내성적이었던 대학생 이해원. 큰 고민 없이 흘러가는 대로 사는 편이지만, 가끔 예상치 못하게 적극성이 불타올라 일을 크게 만들기도 한다. 해야 할 일보다는 딴짓에 정신이 잘 팔리는 탓에 중·고등학생 시절 미디어에 관심을 쏟았다. 전공생이 된 지금, 해야 할 일이 되어 버린 미디어에 싫증이 날 법도 하지만, 다행인 건 미디어의 세계는 넓디넓어 제아무리 눈을 돌려도 이 바닥 안이라는 것. 미디어는 나에게 '딴짓'이다.

권준서 (5장, 고려대 미디어학부 2학년)

영화감상, 사진촬영, 영상제작 그리고 그림 그리기까지 좋아하는 일이 많다. 어떤 일을 진로와 연결해야 할지 결정하진 못했지만, 마음 맞는 친구들과 새로운 것을 만들어 내는 일을 즐긴다. 그래서 대학 중앙방송국 KUTV부터 학부 동아리 보도사진학회까지 여러 동아리 활동을 하며 꿈을 키워 나가고 있다. 2019년 여름, AJ 미디어 루키스 프로그램을 통해 영상제작을 넘어 다양한 미디어산업을 실감나게 접했고 관심분야를 더욱 확장시켜 나가고 있다. 미디어는 나에게 '끝'이 없다.

신세희 (6장, 고려대 미디어학부 2학년)

다른 사람들은 어떻게 생각할지 모르겠지만, 큰 뜻 없이 대학에 왔다. 방송국, 마케팅 대외활동, 학생회, 과외, 외주촬영 등 입학과 동시에 닥치는 대로 일했던 일명 워커홀릭이다. 본격적인 전공 진입 후, 미디어기업과 창업 분야에 관심을 갖게 되어 AJ 미디어 루키스 프로그램에 참여했다. 여전히 꿈이 두루뭉술하지만, 점차 목표가 생기는 중이다. 미디어는 나에게 '어쩌다 마주친 친구이자 미래'다.

최규웅 (7장, 고려대 미디어학부 3학년)

좌충우돌 우당탕탕 인생. 기자나 PD가 되어 미디어 분야에서 일을 하는 내 모습을 상상하며 미디어학부에 입학하였지만, 시간이 지나면서 점차 꿈을 잃었고 외무고시 및 대기업 취업을 생각하게 되었다. 하지만 운 좋게도 2019년 여름 실리콘밸리에 가서 미디어산업을 이끄는 선배들의 모습을 가까이서 볼 수 있었고, 내가 미래에 있어야 할 곳은 결국 미디어 업계라는 것을 알게 되었다. 미디어는 나에게 '다시 돌아온 친구'다.

박재영 (8장, 고려대 미디어학부 3학년)

사람을 만나고 이야기 나누는 일을 즐긴다. 사람의 이야기를 담아내고 싶다는 생각에 예능 PD를 꿈꿨다. 그러나 대학 중앙방송국에서 PD로 2년간 활동하며 영상은 나의 길이 아님을 깨달았다. 새로운 진로에 대해 고민하던 2019년 여름, 좋은 기회로 미국 실리콘밸리에 방문하며 미디어 경영에 관심을 가지게 되었다. 사람들 사이 연결을 만들어 내는 미디어는 모든 산업의 기본임을 느끼고, 미디어를 이용해 사회가 조금 더 나아지는 데 기여하고자 하는 꿈을 갖게 되었다. 미디어는 나에게 '더 많은 사람들과의 연결'이다.

진민석 (9장, 고려대 미디어학부 3학년)

어려서부터 광고 카피와 음악을 외우고 다닐 만큼 광고를 좋아해 미디어학부에 진학했다. 미디어학부에서 다양한 공부를 해보니 세상은 생각했던 것보다 훨씬 넓고, 재밌는 것이 많다는 것을 깨닫고 있다. 최근에는 광고뿐만 아니라 브랜딩에 흥미를 느껴 열심히 공부하고 있다. 마지막 학기를 남겨 두고 진로에 대해 어느 때보다 진지하게 고민 중인데, 인생에서 가장 행복했던 2019년 여름의 경험은 내가 가야 할 방향을 알게 해주었다. 융합과 혁신을 통해 변화를 창조하는 미디어산업의 최전방은 설렘 그 자체였다. 미디어는 나에게 '창조의 틀'이다.